幼儿园区域活动指导丛书

幼儿园区域创设与活动指导：
数 学 区

陶双骥 袁晓敏 朱雅萍 管靓怡 著

苏州大学出版社

图书在版编目(CIP)数据

幼儿园区域创设与活动指导. 数学区 / 陶双骥等著.
苏州 : 苏州大学出版社, 2025. 3. -- (幼儿园区域活动
指导丛书 / 张晗, 王亚红主编). -- ISBN 978-7-5672
-5098-7

Ⅰ. G612

中国国家版本馆 CIP 数据核字第 20250UY968 号

You'eryuan Quyu Chuangshe Yu Huodong Zhidao:Shuxue Qu

书　　名: 幼儿园区域创设与活动指导:数学区
著　　者: 陶双骥　袁晓敏　朱雅萍　管靓怡

责任编辑: 管兆宁
助理编辑: 谢　刚
装帧设计: 吴　钰

出版发行: 苏州大学出版社(Soochow University Press)
社　　址: 苏州市十梓街 1 号　**邮编:** 215006
印　　装: 苏州市越洋印刷有限公司
网　　址: http://www.sudapress.com
邮购热线: 0512-67480030
销售热线: 0512-67481020

开　　本: 787 mm×1 092 mm　1/16　**印张:** 11.75　**字数:** 237 千
版　　次: 2025 年 3 月第 1 版
印　　次: 2025 年 3 月第 1 次印刷
书　　号: ISBN 978-7-5672-5098-7
定　　价: 50.00 元

若发现印装错误,请与本社联系调换。
服务热线: 0512-67481020
苏州大学出版社邮箱　sdcbs@suda.edu.cn

总 序

在推进课程游戏化项目的过程中，江苏省教育厅强化了几项基本任务，其中就有深入开展区域活动。区域活动对幼儿园课程的实施来说，是基本的和重要的途径。但在十多年前，这一点并没有得到充分认可。课程游戏化让很多教师认识到区域在课程实施中扮演了重要的角色，组织多样化的区域活动是课程游戏化项目重点关注的工作内容。区域是一种非全班性的组织方式，有助于减少对全班集体活动的依赖，有助于推进儿童的小组学习、个别学习，有助于儿童的自主游戏，也有助于满足不同儿童的活动需要。很难想象，没有区域活动的开展，幼儿园如何注重个体差异，实现真正有效的因材施教。因此，区域活动是有助于儿童获得多样化经验，能够顾及儿童个体需要的适合幼儿园课程实施的活动形式，现在已经成为很多幼儿园课程实施的重要途径。

这里所说的“区域”是对班级室内或走廊环境以及场地环境的一种分隔，区域分隔主要是从活动和功能的意义上说的，而不只是从空间意义上说的。不同区域的材料不同、活动不同，能满足儿童不同的需要，能让儿童获得不同的经验，因此区域具有多样性和可选择性。多样性意味着除了一些基本的区域，班级还可以根据课程的需要尤其是儿童的需要，创设新的区域，体现了课程的灵活性和适应性。可选择性意味着儿童的自主性，儿童的需要得到了关照和满足，关注每一个儿童的发展需要就成为了可能。

区域活动作为幼儿园课程的主要实施途径，它包含了空间、时间、材料、儿童等要素，不同的儿童会在同一个区域中开展不同的活动。空间、时间、材料等适合儿童，活动就可能顺利开展，儿童就可能获得经验；反之，儿童就可能没有兴趣，活动就难以开展。课程游戏化项目推进的过程中，要努力引导教师研究儿童，研究材料，研究适宜的时间和空间，要努力让区域发挥应有的作用。

区域活动中，教师应注重观察、适当介入、有效指导，为幼儿的主动发展提供条件。教师如放任不管、过于随意，就不可能引发幼儿的深层学习，不可能让幼儿不断面临挑战，也不可能让幼儿形成新的经验。创设丰富多元、灵活适宜的活动区域是幼儿园开展区域活动的基本条件和必要前提。对于幼儿园来说，区域如何规划，是因园、因班而异的，是与幼儿园、班级实际空间、幼儿数量等都密切相关的，甚至不同的季节、不同的天气、不同的主题及幼儿的兴致都可能影响区域的安排。区域规划要有利于幼儿的活动，要符合幼儿身心发展规律和学习特点，有利于幼儿经验的获得。区域的规划应注重多样性、互补性、互动性和发展性。不同的区域有不同的活动和任务，性质也可能各异，不是所有的区域都具有完全相同的功能，但不同区域之间可以进行协调和互动。对区域活动而言，有些区域可能自发性和游戏性更强一些，有些区域可能目的性和探究性更强一些。在区域规划时，一定要将幼儿游戏兴趣与发展需要作为区域设置的重要依据，既确保幼儿的自由游戏时间和空间，又确保幼儿经验的有效发展。

幼儿是在行动中学习的，幼儿与周围环境，尤其是与材料的相互作用，是幼儿获得经验的重要途径。区域活动中教师要研究每一种资源的功能，研究不同资源之间的协同和配合，最大限度地发挥资源的教育价值。要根据幼儿的兴趣和需要，组织和改造资源，将基本资源和辅助资源有机结合起来。要从幼儿的年龄特点出发，确保活动资源的可选择性、可获得性、适宜性和挑战性，要真正满足幼儿活动的需要，促进幼儿持续的学习。要深入关注幼儿利用资源进行互动的过程，发现问题，加强指导，使资源在活动的过程中真正转化为幼儿的经验。

“幼儿园区域活动指导丛书”的作者就是基于以上思考，依托江苏省“双师型”名师工作室与江苏省高校“青蓝工程”优秀教学团队的力量，立足幼儿园区域创设与活动实施中的真实问题，在《幼儿园工作规程》《3—6 岁儿童学习与发展指南》《幼儿园保育教育质量评估指南》等文件精神引领下，基于“经验视野下幼儿园区域创设与活动指导”的科学观念与实践策略，对生活区、语言区、角色区、科学区、数学区、建构区、美工区、公共区域等八个不同区域进行系统的研究和总结，凸显了丛书的全面性与引领性。此套丛书既有理论思考，又有实践关怀，让我们看到了幼儿园区域活动的独特魅力与丰富价值。

期待该丛书能为更多幼儿园区域规划、环境创设、活动实施提供有益的借鉴与指导，更好地实现幼儿个性化全面发展的需要，为学前教育高质量发展贡献力量。

虞永平

2024 年 8 月

丛书前言

区域活动是江苏省幼儿园课程游戏化项目的主要建设内容，也是课程游戏化项目推进中的一个难点。苏州市吴江区作为江苏省幼儿园课程游戏化项目区域推进的先行者之一，多年来在区教育局、教研室以及高校专家的引领下，持续深入地对室内区域环境创设与活动指导进行研究探索、反思优化，已形成了相对成熟的理论架构与实践经验，现将实践成果凝练成文并出版，以期与所有幼教同仁共同研讨。

1. 区域活动是践行“游戏是幼儿园基本活动”理念的重要途径

2001 年，教育部颁印的《幼儿园教育指导纲要（试行）》指出，“尊重幼儿身心发展的规律和学习特点，以游戏为基本活动”，“幼儿园应为幼儿提供健康、丰富的生活和活动环境，满足他们多方面发展的需要，使他们在快乐的童年生活中获得有益于身心发展的经验”。基于幼儿经验全面发展需要，创设种类多样、数量丰富的区域，投放充足、适宜的区域材料，可满足幼儿通过“直接感知、实际操作、亲身体验”获取经验的需要。

2. 区域活动是克服幼儿园“小学化”现象的重要策略

2011 年，《教育部关于规范幼儿园保育教育工作　防止和纠正“小学化”现象的通知》指出，“创设适宜幼儿发展的良好条件，整治‘小学化’教育环境。幼儿园要创设多种区域活动空间，配备丰富的玩具、游戏材料和幼儿读物，为幼儿自主游戏和学习探索提供机会和条件”。2018 年，《教育部办公厅关于开展幼儿园“小学化”专项治理工作的通知》提出，“对于未按规定创设多种活动区域（区角），未提供充足的玩教具、游戏材料和图书，缺乏激发幼儿探究兴趣、强健体魄、自主游戏的教育环境的，要调整幼儿园活动区域设置，合理利用室内外环境，创设开放的、多样的区域活动空间，并配备必要的符合幼儿年龄特点的玩教具、游戏材料、图画书”。

3. 区域活动是落实江苏省幼儿园课程游戏化精神的重要内容

2014 年，江苏省教育厅、财政厅《关于开展幼儿园课程游戏化建设的通知》指出，“构建游戏化活动区域。以尊重幼儿兴趣爱好、激发幼儿自主活动为宗旨，根据课程实施进展情况，创建数量充足、种类多样、材料丰富、与幼儿发展相适宜的游戏区域。区域活动中教师注重观察、适当介入、有效指导，为幼儿主动发展提供条件保障”。作为课程游戏化实施的重要载体，不同种类、不同难度的区域活动为幼儿提供了丰富的内容选择与广阔的挑战空间，激发了幼儿的活动兴趣与探索欲望，促进幼儿积极建构新经验，极大地转变了以“端坐静听”为主的教学方式。

4. 区域活动是实现学前教育高质量发展的重要举措

2023 年 7 月，《教育部 国家发展改革委 财政部关于实施新时代基础教育扩优提质行动计划的意见》明确要求，“加快构建幼有优育、学有优教的高质量基础教育体系”。高质量学前教育的核心在于实现每位幼儿在自己原有基础上的最优发展，即个性的全面发展。教育部《幼儿园工作规程》提出，“幼儿园应当根据幼儿的年龄特点指导游戏，鼓励和支持幼儿根据自身兴趣、需要和经验水平，自主选择游戏内容、游戏材料和伙伴，使幼儿在游戏过程中获得积极的情绪情感，促进幼儿能力和个性的全面发展”。

本套丛书共分 9 册：《经验视野下幼儿园区域创设与活动指导》《幼儿园区域创设与活动指导：生活区》《幼儿园区域创设与活动指导：语言区》《幼儿园区域创设与活动指导：角色区》《幼儿园区域创设与活动指导：科学区》《幼儿园区域创设与活动指导：数学区》《幼儿园区域创设与活动指导：建构区》《幼儿园区域创设与活动指导：美工区》《在同构、互融中共生——幼儿园公共区域创设与活动指导》。全套书由总到分，系统涵盖幼儿园主要区域类型，指向幼儿经验全面发展需要。当然，本套丛书也是一个开放的体系，后续的音乐区等相关区域如有好的探索成果，我们会继续丰富。

本套丛书的每一分册都从一个区域的研究现状与趋势出发，链接《3—6 岁儿童学习与发展指南》，从核心价值与联动价值两个方面分析区域活动经验价值；基于区域价值的实现进行区域创设，包括空间规划、环境创设、材料投放、规则与标识创设等；在区域创设的基础上，放手让幼儿自主活动，教师进行观察、倾听，适时、适宜地进行区域活动的指导；探索不同区域之间、区域活动与其他活动之间的有机联系、相互渗透的路径与方法。本套丛书将理论与实践有机结合，注重案例启发，对开展幼儿园区域活动有较好的借鉴意义。每册书图文并茂，区域创设、活动指导的路径与策略通俗易懂，旨在为幼儿园教师提供全面、实用的指导方案。

本套丛书的顺利出版得益于江苏省“双师型”名师工作室和江苏省高校“青蓝工程”优秀教学团队的资助，得益于苏州幼儿师范高等专科学校、吴江区教育局的大力支持。本套丛书是全体作者共同努力的成果，编写时借鉴、参考了国内外已有的研究成果，在此向一路上给予支持与帮助的领导、前辈和同行表示由衷的感谢！

本套丛书参与者较多，尽管每个人都尽了很大努力，由于研究能力所限，丛书内容尚未完全达到理想的状态，难免存在错误、缺漏和不当之处，敬请广大读者批评指正！

张　晗　王亚红

2024 年 8 月

前言

意大利教育家蒙台梭利第一个系统性地提出了幼儿园区域活动，强调将幼儿教室划分成不同的区域，在不同区域投放不同层次、不同内容、不同发展水平的材料，鼓励儿童通过实践活动进行自我教育，这些区域就包括数学区。我国直到 20 世纪 70 年代才出现幼儿园区域活动，经过多年的发展，区域活动已成为我国幼儿园教育中一种非常重要的课程形式。

《幼儿园区域创设与活动指导：数学区》一书是苏州市课程游戏化前瞻性实验项目研究共同体-区域活动研究共同体的阶段性成果之一，集中展示了苏州市吴江区坛丘幼儿园、吴江区八都幼儿园、吴江区金家坝幼儿园在区域活动方面的经验总结和实践研究成果。本书聚焦数学区建设，以经验交互性与连续性的特征以及幼儿获得经验的机制为基本遵循，重新理解、审视和改进已有数学区建设，摸索出一条基于幼儿经验本质的数学区建设路径。

本书在明晰数学区内涵、经验价值的基础上，将理论探索、经验总结与案例分析相结合，重点介绍了数学区的空间规划、环境创设、规则制定、标识设置、材料投放、活动实施与指导，以及数学区活动与其他活动的融合等内容，涵盖了不同年龄段幼儿数学区创设与活动指导的全要素，充分体现了“源于经验、经由经验、为了经验，指向幼儿经验”的课程理念。全书图文并茂，案例丰富，可操作性强，能为幼儿园教师及学前教育师范生开展数学区活动提供借鉴与参照。

本书具有以下三个显著特点：

一是创新性。本书基于儿童本位及《幼儿园工作规程》《幼儿园教育指导纲要（试行）》《3—6 岁儿童学习与发展指南》等文件的理念，贯彻课程游戏化精神，借鉴相关理论成果，结合实践，追寻角色区发展趋势，对不同年龄段幼儿数学区进行了研究和探索，具有一定的启发性和创新性。

二是实践性。本书出自一线教师之手，始终坚持理论联系实践，针对数学区教育实践中的问题，从教师视角出发，基于实际问题，总结实践经验与智慧，形成有效的、可操作的策略与方法，给予读者启示。

三是可读性。本书展示了大量的照片、图表、案例、视频等，语言文字浅显易懂，便于读者理解和把握各区域创设和活动指导的核心内容。

本书是在苏州幼儿师范高等专科学校张晗教授的伴随式指导下完成的，编写过程中参阅了大量国内外学者、幼教工作者的有关学术文献、实践案例，也得到了苏州大学出版社的大力支持，在此一并表示感谢。

本书是诸位作者多年努力实践探索与理论研究的结晶，但囿于水平，不当、不足之处恐在所难免，还望各位读者批评指正。我们将永续前行，不断优化与完善。

著　者

目　录

第一章 寻根觅源 知常达变

——数学区概述

本章简介

随着教育理念的不断更新，幼儿园教育越来越注重幼儿的综合素质培养。其中，数学教育作为基础教育的重要组成部分，受到了广泛关注。幼儿园数学区作为数学教育的重要场所，其内涵与价值日益凸显。本章主要介绍幼儿园数学区的概念、特征与价值，数学区的相关研究，数学区探索与实践。

思维导图

- 数学区概述
  - 数学区的概念、特征与价值
    - 数学区的概念
    - 数学区的特征与数学区的价值
  - 数学区的相关研究
    - 数学区环境创设研究
    - 数学区材料投放研究
    - 数学区教师角色与指导研究
    - 数学区与幼儿深度学习研究
  - 数学区探索与实践

区域活动是幼儿园课程实施中最能体现幼儿自主活动的一种课程组织形式，也称为“区角学习”“活动区”“游戏区”“学习区”等，一般指教师根据幼儿的兴趣和发展的需要，在幼儿园中为幼儿设置一定的教育环境。[1] 区域活动作为一种课程组织形式，对它的理解和认识必然是建立在一定的幼儿园课程理念和实践的基础上的。王微丽将区域活动界定为：“借鉴、融合优秀教育理念，根据《幼儿园教育指导纲要（试行）》（以下简称《纲要》）和《3—6岁儿童学习与发展指南》（以下简称《指南》）精神及教育目标，尊重幼儿身心发展规律和学习特点，以幼儿的实习需求为依据，设置各活动区域；为幼儿提供系统、适宜的区域材料，使幼儿在自主选择和主动学习的过程中，通过与环境的有效互动获得个性化的发展。”[2] 该阐述既吸收国外优秀区域活动理念，如蒙台梭利区域活动思想、瑞吉欧教育理念、高宽课程及光谱方案中涉及区域活动的观点、维果斯基文化历史发展理论等，又扎根本土落实《纲要》《指南》的实践研究，极具概括性、针对性和可持续发展性。

在幼儿教育中，区域的创设是一项至关重要的任务，这不仅关乎幼儿的学习环境，更直接影响他们的全面发展。根据《纲要》的指导，幼儿教育内容被划分为健康、语言、社会、科学和艺术五大领域，这为幼儿园创设区域提供了基础逻辑框架，一般分为生活区、语言区、社会区、科学区和艺术区五大区域。这五大区域各自承载着不同的教育目标和发展支持：生活区强调幼儿的日常生活技能和习惯培养；语言区则注重幼儿语言表达和沟通能力的提升；社会区致力于培养幼儿的社交能力和情感认知；科学区则鼓励幼儿探索自然、观察现象，培养逻辑思维和解决问题的能力；艺术区培养幼儿在欣赏和创作中感受美的能力。这五大区域并非孤立存在，而是需要积极融通，形成一个和谐统一的教育环境。

要想让这些区域真正活起来，与幼儿的生活、兴趣和需要紧密相连，需要幼儿教师们深入思考和细致规划。在创设这些区域时，我们还须充分考虑幼儿园的实际条件，因地制宜、因园制宜、因人制宜，让每一个幼儿园都能根据自己园所的特色和需求，动态化地设置区域。

总之，幼儿园区域的创设是一项既具挑战性又充满创意的工作。我们只有充分了解幼儿的需要和兴趣，紧密结合园所实际后，才能真正打造出一个既符合教育目标又充满生活气息的学习环境。

---

[1] 张博．现代幼儿教育观念研究［M］．长春：东北师范大学出版社，2003：97.

[2] 王微丽．幼儿园区域活动：环境创设与活动设计方法［M］．2版．北京：中国轻工业出版社，2022：4.

第一节　数学区的概念、特征与价值

本节简要介绍幼儿园区域创设以及数学区的概念、特征与价值，着重介绍数学区在支持幼儿自主数学学习、促进幼儿全面发展中的重要作用。

一、数学区的概念

数学区是科学大区的基本区域之一，主要聚焦幼儿数学领域核心经验的达成，但又不限于数学领域经验。关于数学区的概念，王微丽等认为：数学区是教师根据幼儿园教育目标和幼儿的数学发展水平而创设的活动区域，它是通过有目的地投放数学活动材料，让幼儿根据自己的意愿和能力进行操作和探索，进行个别化的自主学习的活动区域。[1] 笔者通过梳理、归纳已有研究中的相关表述，就上述数学区概念做以下补充：

（1）数学区一般设置在班级室内或室外，可以是在教室里专门设置的数学区角，也可以是专门的数学活动室。在本书中，笔者主要讨论教室中的数学区。

（2）数学区域的名称并没有统一的规定，通常被称为“数学区”。许多研究中提到的“益智区”除数学教育内容外，还包括自然教育内容。

（3）数学区活动是一种专门的、非正式的数学教育活动。在数学区活动中，幼儿接触的是以数学为主要内容的材料和环境，幼儿能自主自愿地选择材料。

（4）数学区活动和集体数学教育活动不一样，前者是后者的延伸与补充，具有区域活动开放、自由、自主、个别化等特点。在数学区中，幼儿以个别或小组的方式开展活动。

（5）数学区一般包括区域环境创设、区域材料投放、区域活动指导和区域活动评价等。

数学区不仅是幼儿进行数学学习的场所，更是他们通过操作和探索，自主建构数学概念的乐园。在这一区域，教师可以通过设计、投放各种数学活动材料，如积木、拼图、扑克、计数器等，引导幼儿在活动中发现数学规律，解决问题，从而激发他们对数学学习的兴趣，掌握一定的数学学习方法。

数学区指向数学领域的目标和班级幼儿数学发展水平。在实践中，数学区的核

[1] 王微丽，霍力岩. 幼儿园数学区材料设计与评价［M］. 北京：中国轻工业出版社，2018：3.

心目标指向是一致的（具体将在第二章中详细阐述），但具体环境创设、材料投放、活动组织设计等因园而异。比如，我们可以结合当地的文化和风俗，设计一些具有地方特色的数学游戏，或者利用现代科技手段，打造一个互动性、趣味性强的数学学习环境。

二、数学区的特征

数学区对于幼儿培养数学兴趣、发展思维能力和提高解决问题的能力具有至关重要的作用，是幼儿探索数学奥秘、发现数学乐趣的空间。数学区指向幼儿数量关系、空间形式等发展，与其他区域有共性也必然有显著差异，下面简要阐述数学区的特征。

（一）经验的系统性

数学区的首要特征是它的教育性即幼儿数学经验系统性发展，这个区域不仅仅是一个游戏区，更是一个教育场所。《纲要》中明确指出，科学教育的目标之一是“能从生活和游戏中感受事物的数量关系并体验到数学的重要和有趣”，并要求“引导幼儿对周围环境中的数、量、形、时间和空间等现象产生兴趣，建构初步的数概念，并学习用简单的数学方法解决生活和游戏中某些简单的问题”。

数学区的活动设计和材料投放要保证数学内容的系统性，确保幼儿能够逐步构建起完整的数学概念和知识体系，因此，需要回归《纲要》《指南》和数学核心经验，回归儿童的发展规律，从而进行整体架构。数学区应根据幼儿年龄层次和实际水平进行设计，创设时要紧扣核心经验，抓住幼儿的兴趣点，引导幼儿通过直接感知、实际操作和亲身体验获取直接、具体的经验，逐步发展数学逻辑思维能力，习得数学概念。在本书中，我们从《纲要》《指南》中关于幼儿数学目标的内容开始，结合各园实际，依次梳理各年龄段的数学区核心价值和数学区联动价值，建立系统的数学区经验体系，依次作为后续活动的依据和评价标准。

（二）区域的趣味性

为提高幼儿的参与度，数学区的设计需要充满趣味性，通过设计一系列富有创意和吸引力的活动和教具，用寓教于乐的方式将传统枯燥、沉闷、抽象的数学学习变得直观、生动。在实践中，幼儿教师常常通过创设游戏情境，设置具有竞赛性、挑战性和结果不确定性的游戏活动以及投放相应的游戏材料，提升学习过程的趣味性，激发幼儿兴趣。

建设充满趣味性的数学区，不仅要将数学学习内容与幼儿的兴趣和需要相联系，还要注重教具的利用，通过设计有趣实用且互动性强的教具，帮助幼儿更好地理解数学概念，激发其好奇心和探索欲望，促使他们主动参与数学学习。例如，利用形状各异的教具（如形状配对玩具、七巧板等）来教授几何知识，可让幼儿更直观地理解图形的性质和特点。

创设游戏情境、引导幼儿开展竞赛性的数学活动也是幼儿教师的常用方式之一。游戏情境能够将抽象的数学概念转化为生动有趣的实践活动，这种情境化的学习方式不仅能让幼儿在愉快的氛围中掌握知识，还能培养他们的实际操作能力和解决问题的能力。此外，这种学习活动能够激发幼儿竞争意识和团队精神，让他们在追求胜利的过程中主动学习、积极思考，而结果的不确定性则让游戏更具挑战性和吸引力，激发幼儿的好奇心和探索欲望。例如，在原先利用涂写有不同点数的纸杯开展“叠叠乐”的活动中引入竞赛机制，两名选手比拼谁能在更短的时间内正确叠出裁判要求的序列，让原先幼儿逐渐失去兴趣的活动重新获得了大家的喜欢。

（三）材料的多样性

幼儿使用材料进行数学操作与学习，能让幼儿从被动的学习转变为主动的探索和学习，能够充分调动幼儿各个感官的共同参与，感知事物的直观形象，获得感性认识，从事物表象中获取数学的科学概念。

在数学区中，材料是学习活动的载体，是引发幼儿数学探究和自主体验的重要物质基础，对于在活动区投放的材料需考虑多样性。材料的多样性不仅体现在外观上，更体现在所蕴含的数学教育价值上。每个幼儿都有自己的学习方式和兴趣点，在具体数学核心经验的掌握上也不尽相同，材料的多样性可以满足不同幼儿的学习需求和偏好，让每个幼儿都能找到适合自己的学习方式，从而更加主动地参与学习。

实现材料的多样性，需要幼儿教师在设计和布置数学区时，充分考虑本班幼儿的年龄特点、数学水平、学习需求和兴趣爱好等。例如，在小班数学区可投放颜色鲜艳、形状简单的立体化材料和仿真实物类材料，在大班数学区可投放更具挑战性的木质类材料和纸质操作单。本班幼儿对数学概念的理解不深时，可投放具有直观性、可操作性的实物类材料和纸质操作单；反之则可投放更具挑战性的立体化材料和磁吸可移动材料。

（四）活动的探索性

幼儿园的数学区是一个充满探索性的区域，能够激发幼儿对数学的无尽好奇和热爱。所谓探索，即幼儿可通过与材料的互动、教师的引导以及同伴的合作，发现物体间的数量关系，培养解决问题的能力和创新思维，为未来发展奠定坚实的基础。数学区活动的探索性不仅体现在操作层面，更体现在思维层面。例如，当面对一个复杂的数学问题时，幼儿自由地尝试多种不同的方法，探索数学问题的多种解决方案。在这个过程中，他们不仅锻炼了思维能力，还培养了解决问题的策略和方法。

构建一个引人入胜、激发充分探索行为的数学世界，需要丰富的材料、游戏化设计、适度的挑战性和幼儿教师的指导，并满足互动性、生活性等特征。在可互动、可探索的数学区中，幼儿通过与多样化、具有趣味性的材料互动，进行个别化、自主化学习，自由地尝试不同的方法，发现物体间的数量关系，探索数学问题的多种解决方案。例如，设置各种数学游戏，配备拼图等实验器材，让幼儿在亲手操作中体验数学的魅力。探索还离不开幼儿教师的观察与指导。教师在指导过程中应注意观察幼儿的操作过程和思维活动，及时提供适当的引导和支持，帮助幼儿在数学区活动中获得丰富的数学经验。

为支持幼儿探索，数学区活动还要贴近幼儿的生活实际，选择一些与幼儿日常生活息息相关的游戏主题。例如，设置一些与超市购物、烹饪等相关的数学活动，让幼儿在熟悉的生活化情境中学习数学。这样的设计不仅增强了学习的实用性，还让幼儿更能感受到数学与生活的紧密联系。

总之，这些特征使得数学区成为一个充满活力和创造力的学习环境，让幼儿在有准备的、愉快的氛围中学习数学，培养自身的数学素养和综合能力。因此，在幼儿园教育中，我们应该充分利用数学区的特点，为幼儿创造一个有趣、有益的数学学习空间。

三、数学区的价值

（一）数学区对幼儿发展的作用

在数学区里，幼儿通过与材料的互动、教师的引导以及同伴的合作，发现物体间的数量关系，培养解决问题的能力和创新思维。具体来说，数学区对幼儿数学素养、幼儿学习品质及全面发展具有重要作用。

1. 推动幼儿认识探究和思维表征的发展

有研究者梳理出幼儿数学学习的六个心理特点：操作是幼儿学习数概念的起始；具体实物是幼儿学习数概念的基础；表象是幼儿内化数概念知识的催化剂；“从个别到一般”是幼儿数概念学习的规律性过程；符号和语言是幼儿获得抽象数概念知识的关键影响因素；练习与应用是幼儿巩固数概念知识的必要手段。[1] 数学区活动操作性和情景性的特点，符合幼儿的上述心理特点要求，能有效推动幼儿认知探究和思维表征的发展。

2. 调动幼儿数学学习积极性

幼儿是否掌握高度抽象的数概念知识取决于幼儿能否脱离具体事物特征理解数概念。由于学前儿童的思维以形象思维为主，因此需要借助具体直观的材料，通过

[1] 李娟. 促进教师观察了解儿童学习与发展水平的研究［D］. 上海：华东师范大学，2011.

摆弄、操作和内化，逐渐发展抽象水平。通过创设指向数学核心经验、提供多元化材料、富有探索性和趣味性的数学区，幼儿自主发起或在教师的指导下，以游戏或学习的方式开展数学活动，能极大地调动幼儿数学学习积极性，发展数概念并提升数理逻辑思维。

3. 助力幼儿数学素养发展

在数学区中，幼儿体验到数学是有用和有趣的，获得数学认知，发展数学逻辑思维，发展探究能力。数学区融合了游戏和学习，且让幼儿能够自主选择活动的内容、方法和对象。[1] 数学区作为一个自主、个性化的活动空间，能够让幼儿从枯燥抽象的数学概念学习中抽离，轻松有趣地参与、体验、感受和学习初步的数学知识，并在开放的情境中进行理解的有意义学习。[2]

小班数学区侧重选择直观的材料以支持小班幼儿操作和探索；中班侧重以游戏形式呈现，引入多人游戏机制，满足幼儿喜欢交往、乐于探索的特点；大班则可设置生活情境，引导幼儿运用已有数学知识经验解决各种问题，提升认知能力水平。以上种种，都赋予数学学习生动、有趣的特性，让幼儿在游戏中、在解决问题时感受到数学的有用和有趣，为未来的数学学习提供可持续的动力。

数学教育是促进幼儿思维发展的重要途径。[3] 幼儿园阶段，数学领域的核心经验主要有集合与模式、数概念与运算、比较与测量、图形与空间。幼儿在数学区中通过与材料、环境的互动，在大量的练习中直观地理解数的意义，积累数概念的感性经验，巩固数概念知识。此外，生活化、情景化的数学区还可进一步培养幼儿的探究能力和逻辑思维能力，让幼儿在操作实物和解决有意义的生活问题时交流、联系、推理、验证和表征，不断完善和巩固正在形成的数学概念，促进数学相关经验的迁移和应用，逐渐提升逻辑数理思维和解决问题的能力。

4. 满足幼儿个性化学习需要

不同于幼儿园教师有目的、有计划组织的数学集中教学活动以及各类活动中渗透的数学教育活动，在数学区中，幼儿以个别或小组的方式开展活动，能更好地兼顾幼儿不同的兴趣、能力和需要，也大为便利教师开展个别化指导。数学区中往往提供多种活动内容和多元化的材料，幼儿自主选择，主动开展操作及探索学习，能够满足不同数学水平的幼儿的需要。同时，其区域规则也支持幼儿自主选择要不要玩、玩什么、和谁玩、怎么玩、玩多久等。

---

[1] 刘婕妤. 基于儿童视角的幼儿园班级数学区环境优化研究［D］. 桂林：广西师范大学，2023.

[2] 埃米·诺埃尔·帕克斯. 当数学成为儿童的游戏：在玩中学数学［M］. 刘小娟，译. 北京：中国轻工业出版社，2022.

[3] 张俊. 幼儿园数学领域教育精要：关键经验与活动指导［M］. 北京：教育科学出版社，2015：17.

一般数学区中幼儿人数保持在4—6人，这让教师开展高质量的个别观察与指导成为可能。数学区活动将教师的“教”隐藏于幼儿自主的“学”的活动中，给予了幼儿较高的自由度，幼儿可以从自己的兴趣和需要出发，按照自己的方式进行活动。[1] 在数学区中，幼儿将充分展示自身的数学学习现状，也会暴露数学学习困难。因此，教师要密切观察幼儿的操作过程，分析幼儿思维活动，及时了解和评估幼儿数学发展水平，并提供适当的引导和支持；当幼儿遇到困难时，教师可及时与幼儿交谈，有针对性地提示，帮助他们找到解决问题的途径。

5. 促进幼儿整体发展

除了操作材料，数学区中还存在大量的语言互动和社会交往。幼儿在操作材料时，在材料的暗示下、在与同伴的合作中、在与教师的互动中，将自己所见、所做、所思的数学经验用语言表达出来，或围绕数学问题开展讨论。此外，数学区中教师还会有意识地引导幼儿用书面表征的形式记录探究结果，例如在黑板、记录本上用阿拉伯数字、几何图形等开展记录，满足了幼儿前书写、前阅读的需要。语言是思维的工具，幼儿用语言表达其数学操作经验，能够对其动作实行有效的监控。[2] 无论是口头语言还是书面语言，对话语言还是独白语言，通过一系列有意义的独白、交谈、讲述、解释，幼儿语言表达、思维逻辑、社会交往等能力将全方面获得发展。

6. 数学区是集体教学活动的补充

幼儿园数学教育的实施途径是多元的，数学区活动与数学集体教学活动作为主要形式，两者虽在诸多方面有差异，但不能相互割裂，应是互融、互补、互促、统一的。

数学区活动是保障幼儿充分操作和体验材料的最主要方式，既为幼儿充分操作和体验材料提供了平台，又为教师更充分观察、了解和记录幼儿数概念发展状况提供了机会。相较于集体教学活动，数学区活动在操作材料种类和数量、操作时间、人际互动上能为幼儿提供更多的空间和可能。

例如，杨寿琳通过对大班数学活动材料复杂性程度的研究发现，集体活动中材料指向的核心经验集中在“数与量”一系列内容，“图形与空间”相对较少；而在数学区活动中材料指向的核心经验内容集中在数量关系和空间关系，以探索性操作和创造性操作为主。[3]

因此，数学区的创设要考虑与集体教学活动的互融、互补，注意两者在内容上、形式上、时间上的相互贯通和有机联系。客观上，集体教学活动无法涵盖所有数学

---

[1] 赵岭. 幼儿园数学活动指导手册［M］. 南京：南京师范大学出版社，2013：140.

[2] 张俊. 幼儿园数学领域教育精要：关键经验与活动指导［M］. 北京：教育科学出版社，2015：12.

[3] 杨寿琳. 大班数学活动材料复杂性的研究［D］. 重庆：西南大学，2023.

教育目标和教育内容，也不可能及时帮助幼儿完成数学概念的学习。因此，教师在制订数学教育计划时，要从幼儿各年龄段的数学能力发展标准出发，整体上考虑和架构两类教育活动的内容，做到相互联系、相互贯通；要适当分配时间，充分发挥两类教育活动的优势，尤其是利用数学区中幼儿自主学习、丰富操作材料、互动交流的特征，助力幼儿数学经验的生长。[1]

（二）数学区对教师专业成长的要求

在数学区创设与活动中，幼儿园教师的角色至关重要。教师是主要的区域规划与创设者，是活动设计与参与者，是材料整合与投放者，也是幼儿观察与评估者。数学区活动对幼儿园教师提出了诸多要求。

1. 转变幼儿园数学教育理念

随着幼儿园课程改革不断深入，对数学教育的认识也在不断更新，以操作法作为基本方法、注重数学语言的作用以及关注生活和游戏的价值已经成为共识。幼儿园教师首先要更新自身数学教育理念，从“知识学习”向“操作练习”、从“学科逻辑”向“生活逻辑”转变。

首先，教师要认识到操作法是幼儿学习数学的基本方法。幼儿只有通过自己的操作，亲历从动作水平的思维向抽象水平的思维的转化过程，才能重构对数学的理解。因此，幼儿园教师要从注重知识传授向注重幼儿练习与应用转变，满足幼儿数学学习时对具体的学习经验的需要，让幼儿通过充分地操作和体验，建构数的相关概念。

其次，在满足和鼓励操作的基础上，幼儿园教师还要认识到幼儿是通过思考以及谈论他们所做的事情来学习的。因此，教师要鼓励幼儿用包括言语表达、事物情境、图形图表以及书面符号在内的多元方式表征，既动手，又动嘴。一方面为幼儿提供记录数学探究结果所需的纸、笔，另一方面鼓励幼儿与同伴、教师和其他人进行交流，用数学的语言进行清楚、精准的数学方面的表述和交流。

最后，幼儿园教师还要认识到日常生活情景和游戏在数学学习中的重要意义。究其本质，数学知识就是对事物间关系的高度抽象。对幼儿来说，数学就存在于日常生活中，能从生活和游戏中感受事物之间的数量关系并体验到数学的重要性和乐趣，无疑是最自然、轻松、愉悦和高效的学习方式。生活与游戏中蕴涵的数学关系，为幼儿数概念的建构提供了远超常规教学活动中所能获得的经验基础，为幼儿提供了用数学解决问题的机会，巩固对数概念的理解。因此，教师要把幼儿数学学习置

[1] 周欣，黄瑾，杨宗华. 幼儿园综合课程中的数学教育［M］. 南京：南京师范大学出版社，2012：103-105.

于有意义的、真实的日常生活情景和背景中，置于幼儿最喜欢的游戏情景中。

2. 丰富数学学科知识和教学指导策略

在幼儿园数学教育中需要始终关注数学核心经验。PCK（Pedagogical Content Knowledge，学科教学知识）理论认为，教师不仅需要掌握所教授学科的知识（掌握学科内容知识），还需要能够将这些知识以学生易于理解的方式传达出来（掌握有关学习者的知识与有关教学过程的知识）。这意味着幼儿园教师不仅需要掌握基本的数学概念，例如数概念、量的比较等，更需要将学科知识转化为适合幼儿认知水平的教学内容，能根据幼儿现有认知水平、学习方式及学习需求，选择有效的教学方法和策略，并依据反馈和理解情况，灵活调整教学计划和方法。数学自身学科特点与学龄前儿童认知特点、学习特点有天然的冲突，这使得数学区的创设与优化对幼儿园教师的数学知识及教学知识提出了新的挑战。

首先，幼儿园教师要积极完善自身对数学领域核心经验的了解，掌握各项经验的具体阐释与指导要点。幼儿园教师需要通过自我学习和反思建立一套内化的教学核心经验体系，作为专业可持续发展的基础和动力。[1] 因此，幼儿园教师需要在日常教学实践中及时提升自身的专业领域知识水平，形成完整的数学学科知识体系。

其次，幼儿园教师要掌握幼儿数学学习与发展特点，掌握不同年龄段幼儿数学学习的阶段性与发展性。有关儿童发展的知识是幼儿园教师教学信念向教育支持行为转化的中介。幼儿早期数概念的学习发展特点和路径是从实物操作逐步发展到表象水平，最后形成抽象的符号水平。[2] 因此，幼儿园教师在创设和投放材料时要充分考虑本班幼儿数学学习特点及已有经验和需要，选择与自身生活经验有直接联系的活动、材料。

最后，幼儿园教师要拓展数学教育指导策略，掌握恰当的观察、指导方法。值得注意的是，在数学区中，放任幼儿自由、自主进行操作与探索，其最终掌握的经验将是碎片化的，且其数学水平提升将是缓慢的。因此，幼儿园教师系统观察、有针对性地指导是非常必要的：首先，提高观察与分析幼儿数学学习水平的能力，通过观察幼儿游戏行为并分析幼儿的已有经验和现有发展水平，为后续积累幼儿数学核心经验提供思路；其次，提高对幼儿数学学习的过程性评价能力，从而寻找合适的时机介入幼儿游戏，推动幼儿发展；最后，改进对幼儿数学学习的指导策略，充分利用间接指导，注重个别化、多样化的指导。[3]

---

[1] 李艳艳，刘云艳. 基于学习进阶的幼儿教师数学核心经验模型建构［J］. 教育科学，2021，37（1）：90-96

[2] 刘婕妤. 基于儿童视角的幼儿园班级数学区环境优化研究［D］. 桂林：广西师范大学，2023.

[3] 张俊. 数学区角活动的教学属性及其现实指导意义［J］. 幼儿教育·教育教学，2014（Z1）：56-57.

总之，幼儿园教师要充分理解幼儿思维的形成与发展规律，掌握幼儿数学学习行为的特点，形成自己对早期数学内涵的深刻认知、对幼儿数学学习发展路径的理解，并主动思考幼儿数学学习会遇到的困难。

第二节　数学区的相关研究

区域活动作为一种课程形式，必然建立在一定的课程理论和课程实践的基础上。查阅国内外文献，对数学区的认识，伴随着对区域活动的探索而深入，伴随着对幼儿数学学习规律的探析而发展。梳理已有文献，发现关于幼儿园数学区的研究主要围绕数学区教育价值、环境创设与材料投放、教师角色与指导、数学区与幼儿深度学习等展开，其中，教育价值前文已做一定梳理，不再赘述。

一、数学区环境创设研究

区域的架构包括空间规划、环境创设与标识设置、材料投放与运用、教师指导与评价等。在已有研究中，从研究内容上看，主要还是从宏观层面研究区域环境创设的意义、存在的问题、组织策略等。从研究主体、研究方法上看，以幼儿园教师为主，一般以行动研究法为主，辅以观察、问卷、访谈等，通过教师对实践问题与经验的总结，提出一些可操作的改进策略，且这些策略是否有效推广还缺少系统验证。此外，已有研究中，主要站在教师视角讨论班级区域（数学区）环境创设，以幼儿视角讨论受幼儿喜欢的区域环境特征还比较少，但这也越来越受到研究者重视。围绕环境创设存在的问题，主要是“活动区的架构与组织、活动进展的时间、活动区材料的投放和运用、教师对活动区的了解与支持”。[1] 当然，尝试将抽象理论与环境创设实践相结合、运用新方法的研究也在增加，运用建构主义理论、深度学习理论、生态主义理论等改进幼儿园实践，运用马赛克法等研究产出了一定成果。

聚焦数学区环境创设，杨建群、徐晓等提出数学区的创设要以幼儿为主，发挥幼儿的创造主人翁意识，同时还要考虑幼儿的差异性并有针对性地对数学区角进行调整,兼顾全面和个别。还有研究者提出，数学区的创设要蕴含数学学习目标，要吻合《纲要》《指南》中对数学知识经验的要求，依据数学教育目标统筹规划

[1] 陈兰兰. 幼儿园中班数学区环境创设研究 [D]. 西宁：青海师范大学，2023.

区域。[1]

二、数学区材料投放研究

围绕数学“活动材料”“操作材料”等开展的研究很多，主要有活动材料的内涵与价值、材料种类与来源、材料投放与更新等维度，相关研究范畴也包含了数学区活动，但专门研究数学区材料的不多，且多聚焦于上述单个维度。

幼儿园活动区域中丰富多样的物质材料是幼儿参与区域活动重要的物质基础，材料对幼儿的动作行为和情感思维的发展有着重要的作用。[2] 用于支持幼儿通过操作来感知数学关系的材料，可以是幼儿熟悉的日常生活中的生活用品或自然物，也可以是专门设计的蕴含数学关系的结构化材料。

张卫星把数学学习材料分为逻辑性材料（理解数学规律）、结构性材料（认识数学本质）、系统性材料（建构系统数学）、比较性材料（厘清数学知识）、整体性材料（领略数学内涵）五类；[3] 王微丽等将数学活动材料分为有情境的、操作性强的和可运用的三大类；[4] 于思淼认为有实物材料、半具体半抽象材料（图片、点卡、计算板、形色板等）、抽象符号材料（直接运用数学符号进行学习的材料）三类。[5] 这些材料的来源主要有幼儿园购买和幼儿园教师自制两种。教具、操作纸、操作材料等大都是幼儿园购买所得，也有许多教师利用现成制品（如班级中的积木、拼插板等）自制或利用组合的形式（如各种种子、娃娃家道具等组成教具）来提供新的数学教具。

围绕数学区材料的选择与投放的研究也由来已久。例如，在材料投放的种类上，蒙台梭利研制出了一套完备的数学教具如数棒、彩色穿珠棒、加法板等；中国教育学家陈鹤琴设计出了点数牌、滚珠牌等具有中国本土特色的教具。总之，数学区材料的选择与投放，要符合幼儿的需要、区域活动目标等。吴克勤提出要坚持生活化原则并利用生活中的数学情境创设活动冲突，[6] 刘焱提出了包括材料的大小、安全性、复杂性、幼儿发展适宜性、材料文化适宜性等的基本框架，[7] 周欣等认为数学区材料要满足丰富性、层次性、动态性、情境性等特征，[8] 王微丽、霍力岩进一步

[1] 王微丽，霍力岩. 幼儿园数学区材料设计与评价［M］. 北京：中国轻工业出版社，2018：5.

[2] 刘焱. 儿童游戏通论［M］. 北京：北京师范大学出版社，2004：619-620.

[3] 张卫星. 数学学习材料的主要类型及内涵［J］. 教学与管理，2010（32）：32-34.

[4] 王微丽，霍力岩. 幼儿园数学区材料设计与评价［M］. 北京：中国轻工业出版社，2018.

[5] 于思淼. 幼儿园大班数学集体教学活动中操作材料的投放研究：以鞍山市 A 幼儿园为例［D］. 鞍山：鞍山师范学院，2016.

[6] 吴克勤. 数学活动材料选择应该生活化［J］. 学前教育研究，2001（2）：59.

[7] 刘焱. 儿童游戏通论［M］. 北京：北京师范大学出版社，2004：659.

[8] 周欣，黄瑾，杨宗华. 幼儿园综合课程中的数学教育［M］. 南京：南京师范大学出版社，2012：108.

提出要注意材料的逻辑性、可操作性、引导性。[1] 这些材料将为幼儿提供感知、体验等自由操作的机会，满足幼儿的个体需要，促进幼儿发展。当然，材料投放后不是一劳永逸了，还需根据幼儿的兴趣、需要及时调整材料，促进幼儿与材料更好地交互。

数学活动材料可用于活动前了解幼儿的已有经验，活动中帮助幼儿理解知识，活动后检验活动效果。已有研究也清晰指出当前材料投放过程中存在的诸多问题：偏离教育目标，不能提供丰富的操作时间和空间，教学方法以讲授法为主；操作性材料充足性和层次性较差，材料不足、类型单一，幼儿动手操作机会较少，难以满足需要；急于求成，材料脱离幼儿生活，幼儿难以实现生活经验的迁移和积累；部分教师只在公开课或者优质课堂评选中才会为幼儿提供数学活动材料；乡镇幼儿园中教师使用和选择数学材料时优先考虑验证问题与巩固知识，其次才是探索问题和进行创造性活动……投放材料首先考量趣味性和操作性，其次是安全性、探究性、层次性和丰富性……材料层次性不够，不能满足不同发展水平的幼儿需求；等等。[2]

三、数学区教师角色与指导研究

区域活动对幼儿而言，具有选择自由、活动自主等特征；对教师而言，具有指导的间接性特征，“教师不再是传递知识的人，而是知识经验与儿童相互作用的促进者”[3]。教师的角色定位及相应的指导行为对活动的顺利开展和幼儿个性的发展起着重要作用。

为保证区域活动有效、有序地进行，教师需要及时更新教育观念，明确自身定位，转变教育行为。郝萍瑞、金雅敏等很早就提出，教师要根据活动的需要扮演好环境创设者、平等合作者、观察记录者、支持引导者、客观评价者、成果分享者等多种角色，[4][5] 充分强调教师在活动中观察、引导、支持、评价的作用。

刘焱、丁海东、华爱华、邱学青、董旭花、李春芳等研究者都认为，在区域活动的不同阶段，教师的角色和主要作用要有所侧重：活动开始前聚焦了解幼儿已有经验、创设适宜的活动条件和环境、提供丰富的材料和充足的活动时间，做活动的准备者；在活动进行中聚焦观察幼儿行为与表现，提供适宜的帮助和指导，并根据

[1] 王微丽，霍力岩. 幼儿园数学区材料设计与评价［M］. 北京：中国轻工业出版社，2018：4-5；20.
[2] 杨寿琳. 大班数学活动材料复杂性的研究［D］. 重庆：西南大学，2023.
[3] 虞永平. 学前课程与幸福童年［M］. 北京：教育科学出版社，2012：34.
[4] 郝萍瑞，徐莉. 论区域活动中教师的角色定位［J］. 基础教育参考，2008（9）：73-75.
[5] 金雅敏，杨卫红. 幼儿区域化游戏活动中教师的角色定位［J］. 上海教育科研，2006（6）：54.

需要参与幼儿活动，做活动的观察者、指导者、合作者；在活动结束后聚焦过程性问题，引导幼儿讨论与交流，总结并分享彼此的经验，做成果分享者、经验提升者等。在实践中，教师常存在指导缺失或参与过度、关注浅层次问题而难以把握真正意义的问题。

有研究者指出，教师在指导活动时常存在“急于求成或放任自流”“存于表面”等问题。丰化苓也在论文中提到“以往的研究侧重于对材料的分配，教师在数学活动区中的指导作用没有体现出来”，且指出教师在数学区的指导方式要区别于集体数学活动，更要注意“隐形指导”。[1]

此外，胡秀冰从实践经验中提炼出教师在设计阶段要贯彻主体性原则、紧扣教育目标、考虑年龄特点，提供多层次的活动与材料，并设计渐进性的活动；在活动中，要培养幼儿独立观察能力，培养幼儿良好区角活动常规，在观察的基础上进行指导，提供充足的活动时间等。[2]

四、数学区与幼儿深度学习研究

以幼儿深度学习理论提升区域活动质量也是当前的研究热点，幼儿自主空间较大的区域活动与深度学习理论要求的主动性和积极性观点十分契合。深度学习理论来源于国外，其理论将学习分为深度学习和浅层学习，深度学习指向学习者对获得的信息进行深层次的加工，对信息进行自己的理解与建构，而浅层学习指向对信息的表面关注，对信息进行机械记忆。[3]

2016 年，冯晓霞教授首先提出幼儿深度学习的概念，并指出幼儿在区域活动中可以进行深度学习。冯教授认为，应将幼儿深度学习定位于发展高阶思维、解决实际问题，将新的知识与信息进行整合，融入已有的认知体系，并迁移应用于新的情境中。[4] 史楠、陈权认为，深度学习视阈下区域游戏有以下特征：是有趣的、丰富的、有意义的、倾听彼此的、有探究的、有反思建构的、个性化的，教师要尊重幼儿的个性特征，了解幼儿的兴趣需求，让每名幼儿都能最大程度地发挥自己的创造力。[5]

促进幼儿在区域活动中进行深度学习，对教师和环境都提出了较高要求。当前

---

[1] 丰化苓. 数学区活动中教师指导行为的研究 [D]. 鞍山：鞍山师范学院，2018.

[2] 胡秀冰. 数学区角活动的设计与指导 [J]. 幼儿教育研究，2020（4）：33-35.

[3] 戴思怡. 应用数学区角材料促进大班幼儿学习的行动研究 [D]. 上海：华东师范大学，2023.

[4] 冯晓霞. 探索反思超越：走向广覆盖、保基本和有质量的学前教育：中国学前教育研究会 2016 年学术年会系列报道之二：报告 4：区域游戏中的深度学习 [J]. 幼儿教育：教育教学，2017（Z1）：4-5.

[5] 史楠，陈权. 深度学习视阈下区域游戏的内涵、特征与策略 [J]. 潍坊工程职业学院学报，2019，32（5）：43-47.

区域活动中主要存在深度学习无法启动、幼儿认知冲突、教师指导质量不高、“合法的边缘性参与”受阻、难以实现文化适应等问题。[1]

有研究提出，在数学区中促进幼儿深度学习的发生，解读材料是前提，构建学习共同体是关键因素，重视材料开放性是有力保障，实践深度学习理论是重要突破口，提高教师专业能力是核心。[2] 姜冬妮通过三轮行动研究总结提出，利用数学区的环境和材料支持幼儿的深度学习，要投放游戏性强，有层次性、可探究性的材料；教师要把握恰当的支持时机，通过有效支持引导幼儿与游戏材料积极互动促进幼儿深度学习；教师要注重区域联动的推进，让幼儿的兴趣与经验在不同区域之间产生联系与迁移。[3] 此外，秦旭芳、孙晶晶通过对幼儿园主题活动中幼儿深度学习的研究也进一步验证了创设环境与提供材料、激发动机与生成活动、赋予权利与自主探究、总结经验与交流反思等途径促进幼儿深度学习的有效性。[4]

第三节　数学区探索与实践

数学区研究随着教育理念的不断更新、实践和探索的不断深入而逐步发展深化，在收获宝贵的实践经验、教育策略的基础上，在不断完善的教育理论的影响下，实现了幼儿自主全面的发展和教师专业能力的成长。

一、明晰区域价值，优化区域规划

数学区是幼儿园活动区域的重要组成部分之一，对促进幼儿思维能力的发展和幼小衔接起着至关重要的作用。幼儿通过在数学区操作各种各样的材料感知和理解数、量及数量关系；感知形状与空间的关系；尝试进行分类、排序等；在动眼、动手、动脑的同时发展观察、分析、判断、想象、感知、记忆和思维等能力。教师通过在数学区为幼儿提供大量具体、可操作的材料，把抽象知识具体化，培养幼儿对数学的直观认识和学习兴趣。同时数学区为幼儿提供多种类的操作材料，有助于幼儿开展个别化的学习活动，利于幼儿进行深度学习。因此，数学区对幼儿数学认知

［1］ 杨婷，杨晓萍. 论区域活动中幼儿的深度学习：基于情境认知理论［J］. 重庆第二师范学院学报，2019，32（5）：78-82.

［2］ 戴思怡. 应用数学区角材料促进大班幼儿学习的行动研究［D］. 上海：华东师范大学，2023.

［3］ 姜冬妮. 数学区域活动支持大班幼儿深度学习的行动研究［D］. 大连：辽宁师范大学，2021.

［4］ 秦旭芳，孙晶晶. 教师支持幼儿深度学习的路径与特征研究：以沈阳市S幼儿园主题活动为例［J］. 教育与科学研究，2020，34（7）：41.

能力的发展起着重要的推动作用。

在开展数学区实践研究之前，许多幼儿园并没有设立独立的数学区，而是将其渗透在益智区里，也缺乏相应数学活动计划的制订，这种做法充满了随意性，教师很难掌控数学区活动系统性的计划与设计，在很大程度上就很难保证数学区活动的学科性，也不利于系统性的数学区活动的开展。基于此，首先要做的就是对班级区域的种类与数量进行重新规划，将数学区独立出来，为数学区的探索研究奠定基础。

二、指向全面发展，完善区域环境

《3—6岁儿童学习与发展指南》中指出“要关注幼儿学习和发展的整体性”。各学习领域的划分是相对的，数学区中每个活动的价值都不是单一学习领域的，而是渗透着多元的价值，在数学区活动中幼儿的语言表达能力、规则意识、同伴交往能力等都在发展，幼儿在数学活动中的学习与发展是整体的、指向全面发展的。

良好的学习环境既能满足幼儿开展探索活动的需求，又能培养幼儿良好的学习品质。在数学区环境创设时，教师应遵循“以幼儿为本”的理念，根据幼儿园对数学区教育目标的设定，综合班级幼儿的年龄特征、整体发展需要及个体差异等多方面的情况，合理地利用班级空间条件创设科学、舒适、宽松、和谐的数学区环境。在数学区环境创设时可以从空间的大小、环境特点、环境中物品的摆放、可视化的规则与标识等多方面进行思考与策略。

（一）整体布局，规划独立、开放、自主的探究空间

1. 空间位置的选择

创设数学区的目的是为幼儿提供一个适宜的数学学习环境，以激发幼儿主动学习的兴趣。首先在位置选择上应考虑光源较为充足的安静区域，尽量选择活动室中相对封闭且空间相对宽敞、安静的一角，以便幼儿摆放材料、操作材料、独立思考，同时满足小组学习和互动交流的需要。空间大小以可同时容纳5—7名幼儿为宜。同时数学区的位置应尽量不与娃娃家、表演区等较为嘈杂的区域为邻，避免相互干扰，并结合其他区域的空间位置选择，最终确定数学区的空间位置。

2. 整体环境的布局

确定数学区的空间位置后，需要考虑的就是数学区整体环境的布局，比如操作材料时的桌椅、放材料的储物架应如何摆放等。在摆放桌椅时，要考虑便于幼儿在游戏时自主取放材料、便于教师进区指导等情况，基于这些思考，可以将桌椅放置于数学区的中心位置，留出足够幼儿走动的过道；将材料放置于周围的储物架上，方便幼儿自主拿取和放回。在选择储物架时，要考虑幼儿的身高特点，如果储物架太高，幼儿难以自主取放，就应当做出适当的调整。此外，整个环境中投放的材料

也要做到归类摆放，储物架上的每样材料要分好类并贴明标识，便于幼儿识别归类，在潜移默化中培养幼儿的规则意识和自我管理能力。

（二）注重局部规划，设置墙面、桌面、地面的多维环境

1. 墙面空间

创设数学区还要考虑尽量留有一面或两面较大的墙面或者隔断留出的空白版面。数学区的游戏材料种类丰富、形式多样，有些材料适合在桌面上玩，有些材料则需要更大的空间进行操作。比如操作版面较大的小鱼游戏，在桌面上操作就略显拥挤了，那么该如何解决这个问题呢？留有的墙面就能解决这个问题。可以将较大的操作板移到墙面上，方便幼儿操作。还可以在墙面上布置数字顺序图标、排列大小等形式丰富的游戏，充分拓展幼儿游戏的空间。

2. 桌面空间

桌面空间是平常利用最多的，自制的或者购买的材料都可以放到桌面上进行游戏。相对于墙面游戏，桌面游戏的优势在于操作比较灵活，幼儿可以自由取放材料。在进行桌面游戏时，多名幼儿围坐在操作材料四周，与同伴有更多的交流机会，自然而然地与同伴玩同一种游戏，能有效促进幼儿社会交往能力的发展。

3. 地面空间

在数学区内，除了墙面和桌面空间，还有地面空间。《纲要》指出，环境是重要的教育资源，应通过环境的创设和利用，有效地促进幼儿的发展。桌面、墙面的数学游戏在实践中是比较常见的，也是较为普遍利用的，但是对于地面空间，就涉及得比较少，那么地面作为数学区内的环境，我们应如何利用起来呢？数学游戏除了动手、动脑，是不是也可以动脚、动脑呢？比如走迷宫、数字格子跳跳乐等游戏，如果地面空间允许的话，可将这一类游戏设计成在地面操作，通过利用地面空间，让幼儿在获得数学知识的同时锻炼身体的灵活性和敏捷性，将抽象枯燥的数学知识和有趣的运动充分结合起来。

三、聚焦活动现场，改进指导策略

在数学区实践探究的过程中，横向上聚焦空间布局、材料投放、教师有效指导等不同的研讨主题，对数学区活动开展情况进行观察和探讨；纵向上根据数学区选区计划、游戏导入、游戏操作、收拾整理、分享反思五个环节，在对小、中、大班各年龄段数据分析的基础上，对数学区活动的实施与指导进行研究。通过一次次地展示、交流与研讨，在支持幼儿的经验建构、促进幼儿主动学习等方面取得了认识上的突破，有效地推动了幼儿的自主学习和有益经验的发展，同时也不断更新教师的教育理念，通过学习与实践，促进了教师专业能力上的发展，持续性地调整与改

进教师的指导策略。

四、立足总结反思，形成成果体系

在探索和实践中不断摸索和积累实战经验，并将自己在实践中的所思所想进行凝练，形成系统化的理论总结，既有助于幼儿园教师反思自身的工作情况，厘清数学区活动的开展思路，又有利于幼儿园教师专业的成长。通过一系列的研究，我们逐渐领会了数学区核心价值和联动价值的内涵，掌握了幼儿发展水平的线索，并梳理出了数学区活动的指导策略，使幼儿园数学区活动水平得到了进一步的提高。

第二章 价值引领　有的放矢

——数学区活动经验价值

本章简介

儿童的发展源于经验的获得，是儿童通过在成长的过程中不断获得有益经验来实现的。幼儿园课程的本质就是源于经验、经由经验、为了经验。[1] 杜威和皮亚杰强调经验源于主客体的相互作用，具有交互性和连续性；强调幼儿经验的获得离不开行动。数学区核心价值是价值群中起主导作用的价值，来源于数学教育内容的核心经验。数学区活动的设计要遵循数学领域核心价值，同时也要考虑与其他活动区域的联动，即联动价值。通过分析不同年龄段数学区材料的核心价值与联动价值，确保数学区经验的适宜性、生成性。

思维导图

- 数学区活动经验价值
  - 数学区活动经验价值概述
    - 幼儿经验获得和成长机制
    - 数学区活动经验价值分析
  - 小班数学区核心价值与联动价值
  - 中班数学区核心价值与联动价值
  - 大班数学区核心价值与联动价值

[1] 张晗. 幼儿园课程质量的保证：基于经验本质的幼儿园课程审议 [J]. 基础教育课程，2020 (20)：78.

经验是最符合幼儿学习特点和规律的，也是最适合幼儿需要的。只有关注经验的幼儿园课程，才能真正让幼儿接受和受益。从幼儿经验的获得出发，设计数学区活动，就是设计和提供幼儿与数学区相互作用的机会。当然，幼儿经验的获得并不局限于某一项活动或某一个区域，不同的活动既有其特定的价值，又是相互关联的。

幼儿发展效果是评价区域活动质量的主要指标，而幼儿发展主要是幼儿所需要的经验的发展，所以，分析幼儿区域活动的经验价值具有重要意义。

第一节　数学区活动经验价值概述

经验源于主客体的相互作用，幼儿在与环境的互动中、在行动中获得经验，并在双向建构中不断螺旋上升。幼儿掌握的全部经验基本都是与生活直接相关的，幼儿园课程的设计与实施也要尽可能地衔接幼儿已有经验并遵照幼儿最原始的获得经验的方式。幼儿园课程在关注儿童的学习经验、知识经验和技能经验同时，还要关注儿童的情感经验、审美经验、道德经验等。[1] 因此，教师在设计和实施数学区活动时，一方面要聚焦数学区核心经验，帮助幼儿获得有益、完整的数学经验；另一方面要考虑数学与生活的关系，发展其他领域经验。区域活动的经验价值包含核心价值和联动价值两部分。核心价值是指本区域活动所具有的、区别于其他区域的主要、独特的价值，主要指向本区域活动所关联的领域；联动价值是指各个区域都在一定程度上具有的对幼儿发展的普适价值（非独特）和不是由该区域主要实现的经验价值（非主要）。

一、幼儿经验获得和成长机制

杜威与皮亚杰都认为儿童的发展离不开环境，儿童在与环境的互动中不断生成经验，不断建构经验。其研究揭示了幼儿经验的产生、发展的内在奥秘，对我们思考幼儿与幼儿园课程的关系、思考如何设计与实施数学区活动具有重要的理论指引作用。

1. 幼儿经验的产生

作为实用主义代表人物，杜威秉持“系统与联系”的生态学观点，反对将主体

[1] 景晓梅，孙慧莹. 基于儿童经验的学前教育课程建构的理论研究 [J]. 教育教学论坛，2024（5）：61-64.

与客体、经验与自然人为地分开。杜威认为，经验是有机体与环境相互作用的过程与结果，这种定义“通过指明经验主体的生物性、动物性，以此来说明经验主体的基础特征——人的生物性……凸显人是经验地存在着，是以生物的机体功能与行为经验地存在着”[1]。

杜威还认为，和动物一样，人类在获得经验后并不能全部发挥经验的作用，有的经验不会再被提起或使用，只因“它们是断裂的”，是最低层次的经验。“经验是有机体与环境相互作用的结果、符号与回报，当这种相互作用达到极致时，就转化为参与与交流。”[2] 经验只有进入人类社会且是连续的才能是真正有效的。

基于此，杜威在讨论幼儿与课程的关系时指出，幼儿的生活是一个整体，反对将幼儿的生活、经验以学科的方式划分，而这也是课程最大的弊病。在杜威看来，应该将幼儿的生活、幼儿的经验以及面向幼儿的课程三者联系看待，以幼儿为课程起点，以幼儿主体性为课程指引，以幼儿社会活动编制课程，以“在做中学”、直接体验的方式为实施途径。作为幼儿园课程的一种基本模式，数学区活动也要遵循和贯彻上述理念。

2. 幼儿经验的建构

相对于杜威关注如何产生经验，皮亚杰则更关注儿童的经验是如何建构的。在皮亚杰看来，“影响儿童的发展很大程度上依赖于儿童对周围环境的操纵以及与周围环境的积极互动，个体与环境相互作用的建构过程促进了其内部心理结构的不断变化”[3]。这种变化不是简单地在原有信息上加上新的事实和思想，更涉及思维过程的质的变化。皮亚杰认为人的智慧、认知是有结构基础（图式）的，这是幼儿生来就具有的，是自然所给予人类的。随着年龄的增加与技能的发展，在与环境的相互作用中，儿童不断通过同化、顺应以及平衡化作用使得原有的图式不断得到改造，认知结构不断得到发展。

不难看出，杜威与皮亚杰的研究揭示了幼儿经验生成的机制，证实了经验对于幼儿发展所具有的作用。同时，《纲要》《指南》等文件也明确指出，幼儿园应使幼儿“在快乐的童年生活中获得有益于身心发展的经验”“幼儿的学习是以直接经验为基础”“创设丰富的教育环境，合理安排一日生活，最大限度地支持和满足幼儿通过直接感知、实际操作和亲身体验获取经验的需要”。而如何通过教育教学活动更好地促进幼儿经验发展呢？应“充分发挥‘环境是无声教师’的教育功能，以功

[1] 刘文祥. 杜威的经验概念研究［D］. 长春：吉林大学，2013.
[2] 杜威. 艺术即经验［M］. 高建平，译. 北京：商务印书馆，2010：22.
[3] 陈琦，刘儒德. 当代教育心理学［M］. 北京：北京师范大学出版社，2007：30.

能性环境统合教育性方案”[1]。能满足这种需求的环境之一就是区域，包括聚焦幼儿完整经验获得的数学区。具体来看，数学区为幼儿提供互动的平台；数学材料的多样性为幼儿提供丰富的互动机会；材料的低结构性和数学本身的复杂性、逻辑性又满足了幼儿探索的欲望；数学区又能为幼儿提供完整的互动经验。

当然，发挥数学区在幼儿经验的获得中的作用，需要我们依据幼儿经验生成的机制，合理制订教育方案与计划，让幼儿有更多的机会与区域互动。“激发人与人之间的交流以及人与事之间的互动，引发和支持儿童与环境的互动、儿童与儿童的互动、儿童与成人的互动，让儿童在互动性环境中，通过环境，与老师、同伴共同经历激动人心的认知探险，不断收获惊喜，并在互动分享中共同成长，共同体验生命的持续的、独特的、新奇的创生过程。”[2]

二、数学区活动经验价值分析

在实践过程中我们逐渐明晰，幼儿园数学区活动是综合性的，是幼儿全身心投入的具体的行动，其经验既有特定的价值，又是相互关联的，即核心价值与联动价值。

（一）数学区经验价值≠数学领域经验价值

需要注意的是，数学区活动≠数学教育活动，数学区经验≠数学领域经验，数学区经验价值≠数学领域经验价值。

数学区的活动目标和层次要求相对于数学集体教学活动来说更为宽泛、更加长远。它以培养幼儿喜欢数学的情感、态度，引导幼儿初步掌握学习数学的方法，感受事物的数量关系并体验到数学的重要和有趣，提高探索和解决数学问题的能力为主要目标。[3] 数学区的探索活动需要幼儿多种经验和能力的支持，这些经验或能力有的归属数学领域，有的则不是。

幼儿数学学习强调有用、有趣，强调“学数学”“用数学”相结合并产生良好的互动。幼儿数学经验，除了来源于教师系统组织的教育活动，还来自幼儿实际生活，来自游戏，来自幼儿对材料的反复操作，来自幼儿与教师、同伴的数学语言交流。换句话说，数学区活动不是幼儿园数学领域目标和经验达成的唯一途径，还可通过教师预设的正式的数学活动，或渗透于游戏、生活活动与家园共育活动，或渗透在其他领域活动中等。

[1] 陶金玲. 儿童经验生成研究［J］. 南通大学学报（社会科学版），2015，31（6）：150.
[2] 陶金玲. 儿童经验生成研究［J］. 南通大学学报（社会科学版），2015，31（6）：150.
[3] 王微丽，霍力岩. 幼儿园数学区材料设计与评价［M］. 北京：中国轻工业出版社，2018：3.

下文我们首先呈现《纲要》《指南》中幼儿园数学领域教育目标、教育内容以及已有研究中对数学核心（关键）经验体系的梳理，并基于此进行数学区活动经验的核心价值与关联价值分析。

（二）数学领域教育目标、教育内容与核心经验

梳理数学区经验的核心价值，首先需要明确《纲要》《指南》等文件中对数学领域教育目标的阐述，并借鉴学前儿童数学学习与发展核心经验的已有研究成果。

1. 数学领域教育目标

2001 年，由中华人民共和国教育部颁布的《纲要》中规定了科学领域的目标和指导要点，其中 1—4 条与数学教育相关，具体为：

（1）对周围的事物、现象感兴趣，有好奇心和求知欲。

（2）能运用各种感官，动手动脑，探究问题。

（3）能用适当的方式表达、交流探索的过程和结果。

（4）能从生活和游戏中感受事物的数量关系并体验到数学的重要和有趣。

在《纲要》中还明确指出教育工作者在开展数学教育时应注意的内容、要求及指导要点，具体如下：

（1）引导幼儿对身边常见事物和现象的特点、变化规律产生兴趣和探究的欲望。

（2）为幼儿的探究活动创造宽松的环境，让每个幼儿都有机会参与尝试，支持、鼓励他们大胆提出问题，发表不同意见，学会尊重别人的观点和经验。

（3）提供丰富的可操作的材料，为每个幼儿都能运用多种感官、多种方式进行探索提供活动条件。

（4）通过引导幼儿积极参加小组讨论、探索等方式，培养幼儿合作学习的意识和能力，学习用多种方式表现、交流、分享探索的过程和结果。

（5）引导幼儿对周围环境中的数、量、形、时间和空间等现象产生兴趣，建构初步的数概念，并学习用简单的数学方法解决生活和游戏中某些简单的问题。

到 2012 年，由中华人民共和国教育部颁布的《指南》中进一步将科学领域具化为“科学探究”“数学认知”两部分。针对“数学认知”部分，文件凝练了三点目标，并根据学龄前儿童年龄特点，进一步将目标按年龄段分解，具体如表 2-1、表 2-2、表 2-3 所示。

目标 1：初步感知生活中数学的有用和有趣。

表 2-1 各年龄段幼儿数学领域教育目标（目标 1）

3—4 岁	4—5 岁	5—6 岁
1. 感知和发现周围物体的形状是多种多样的，对不同的形状感兴趣 2. 体验和发现生活中很多地方都用到数	1. 在指导下，感知和体会有些事物可以用形状来描述 2. 在指导下，感知和体会有些事物可以用数来描述，对环境中各种数字的含义有进一步探究的兴趣	1. 能发现事物简单的排列规律，并尝试创造新的排列规律 2. 能发现生活中许多问题都可以用数学的方法来解决，体验解决问题的乐趣

目标 2：感知和理解数、量及数量关系。

表 2-2 各年龄段幼儿数学领域教育目标（目标 2）

3—4 岁	4—5 岁	5—6 岁
1. 能感知和区分物体的大小、多少、高矮长短等量方面的特点，并能用相应的词表示 2. 能通过一一对应的方法比较两组物体的多少 3. 能手口一致地点数 5 个以内的物体，并能说出总数。能按数取物 4. 能用数词描述事物或动作。如我有 4 本图书	1. 能感知和区分物体的粗细、厚薄、轻重等量方面的特点，并能用相应的词语描述 2. 能通过数数比较两组物体的多少 3. 能通过实际操作理解数与数之间的关系，如 5 比 4 多 1；2 和 3 合在一起是 5 4. 会用数词描述事物的排列顺序和位置	1. 初步理解量的相对性 2. 借助实际情境和操作（如合并或拿取）理解“加”和“减”的实际意义 3. 能通过实物操作或其他方法进行 10 以内的加减运算 4. 能用简单的记录表、统计图等表示简单的数量关系

目标 3：感知形状与空间关系。

表 2-3 各年龄段幼儿数学领域教育目标（目标 3）

3—4 岁	4—5 岁	5—6 岁
1. 能注意物体较明显的形状特征，并能用自己的语言描述 2. 能感知物体基本的空间位置与方位，理解上下、前后、里外等方位词	1. 能感知物体的形体结构特征，画出或拼搭出该物体的造型 2. 能感知和发现常见几何图形的基本特征，并能进行分类 3. 能使用上下、前后、里外、中间、旁边等方位词描述物体的位置和运动方向	1. 能用常见的几何形体有创意地拼搭和画出物体的造型 2. 能按语言指示或根据简单示意图正确取放物品 3. 能辨别自己的左右

2. 数学领域教育内容与核心经验

把握学前儿童数学学习与发展中最基本、最重要的内容，需要掌握数学教育内容的核心（关键）经验。[1] 所谓核心经验，是指学前儿童在某一年龄发展阶段可以获得的最基础、最关键的概念和能力。梳理学前儿童数学学习与发展的核心经验，可以进一步明确教师要教给幼儿的数学概念是什么，幼儿学习和理解这些概念的进

[1] 在本书中，我们认为“关键经验”“核心经验”代表的含义是一致的，指某一领域发展最基础、最关键、必须掌握的领域经验。

程是怎样的，各年龄段的幼儿需要哪些核心经验等问题。

有研究者结合华东师范大学“基于关键经验的早期儿童数学课程研究”课题组的相关研究成果，同时参照《纲要》《指南》等文件，将学前儿童数学教育内容分为五部分：集合与模式、数概念与运算、形状、时间与空间以及量的比较与测量（第一层级）。每个内容领域细分为具体的项目（第二层级）与下属的关键经验（第三层级）。[1]

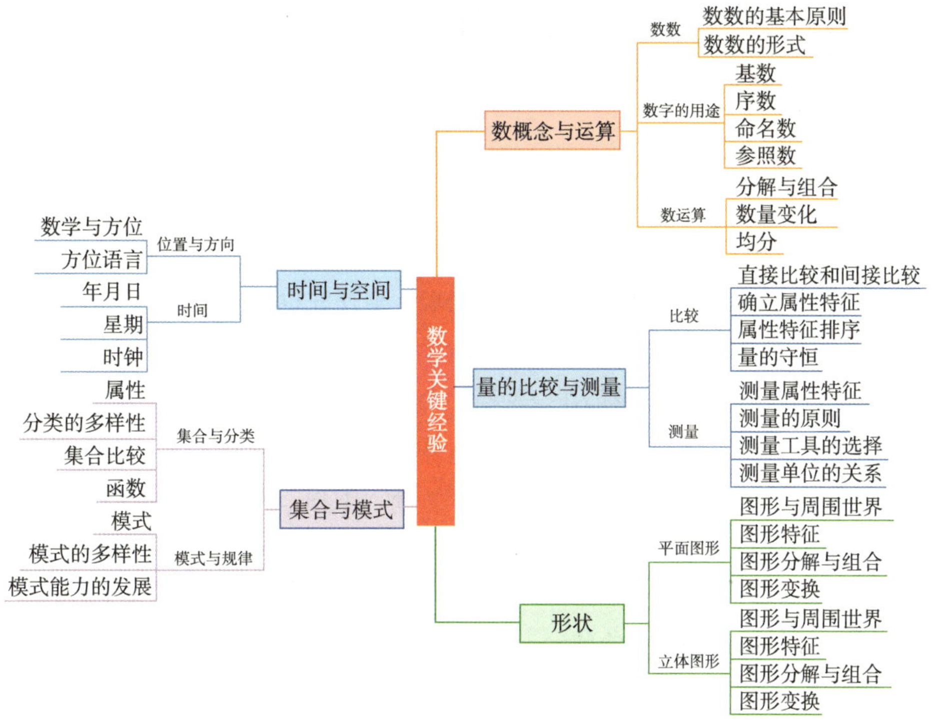

数学关键经验

在本研究中，参考已有研究成果和园所实践经验，将数学区活动中涉及的主要数学领域核心经验统整为数、数量、几何图形、空间关系和测量五方面，每一方面细分具体项目与下属的核心经验。

[1] 朱梦忍. 基于关键经验的幼儿园数学绘本的选择与推荐［J］. 东方娃娃·绘本与教育，2022（4）：26-27.

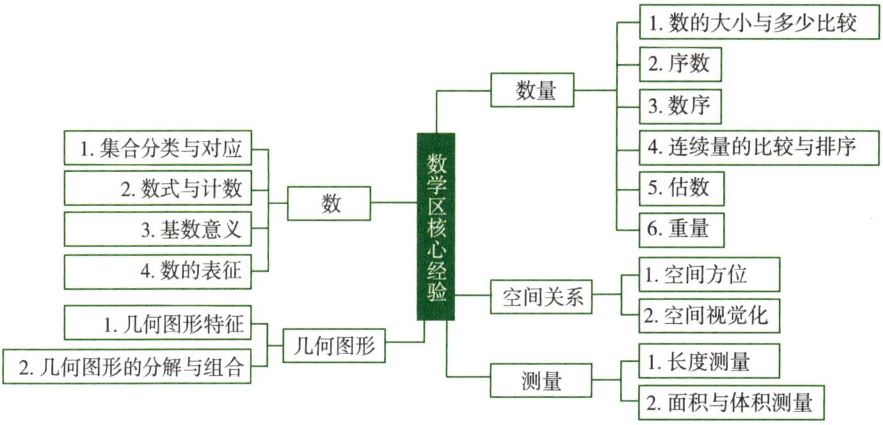

数学区核心经验

（三）数学区活动经验价值分析

区域活动虽都指向具体的某一领域的经验，但往往也包含其他领域的经验，即包含核心经验价值（简称核心价值）和联动经验价值（简称联动价值）。区域活动中的联动价值，包括各个区域都在一定程度上具有对幼儿发展的普适价值和不是由该区域主要实现的经验价值两部分：前者有如人际交往、语言交流、情感体验、行为习惯、礼仪规则以及好奇好问、认真专注、不怕困难、勇于尝试等学习品质；后者如幼儿在大班语言区中统计班级同伴图书阅读情况时接触到的数学统计经验，这一经验并非主要在语言区中实现，也不是大班语言区活动所要实现的主要经验发展。

1. 数学区活动的核心价值

所谓“核心价值”，是指在价值群中，或者说在多元价值体系中，居于核心地位、起主导作用的价值或价值体系。张俊认为，幼儿园数学教育的核心价值就在于促进幼儿数学思维的发展。[1] 周燕撰文指出，幼儿园数学教育的核心价值是发展幼儿初步的逻辑思维能力和解决问题的能力。实现幼儿园数学教育核心价值的有效载体是幼儿园数学教育内容中所蕴含的数量关系，而其有效方法是让幼儿在动手操作直观材料的过程中主动建构数学概念。本书中的数学区核心价值是指幼儿在数学区学习与发展获得的最为基本的、重要的数学领域的经验，即前文所阐述的核心经验，并能促进幼儿不断发展。

数学知识具有高度的逻辑性，往往让人感到严谨，但同时也让人感到乏味，如何引导幼儿进入数学世界，让他们不畏惧并且慢慢喜欢上数学呢？在课程游戏化背景下，同时基于近些年的实践研究，在本书中笔者认为，幼儿园班级数学区活动的

[1] 张俊. 幼儿园数学领域教育精要：关键经验与活动指导 [M]. 北京：教育科学出版社，2015：16.

开展是提升幼儿数学学习兴趣和能力比较好的途径之一。

幼儿园班级数学区活动的开展，既是对课程前期数学教育活动中知识经验的巩固，也是对数学内容的延伸。数学区活动具有教学属性，但相较于集体教学活动，具有独立性、分散性等特点，更加自由、自主，这也要求教师在指导时既要尊重幼儿，又不能放任自流，将数学目标物化于有层次、多样化的材料之中，将数学核心价值渗透于操作活动之中。在数学区活动中，幼儿可根据自己的能力水平自主选择、个别操作，教师则注重观察，在了解幼儿的数学经验、操作水平和其他情况的基础上，以间接指导为主，促进幼儿的自主发展。

2. 数学区活动的联动价值

联动，原意是指若干个相关联的事物中，一个运动或变化时，其他的也跟着运动或变化，即联合行动。基于儿童经验的学前教育课程建构，不仅强调知识、学习结果和教师作用，还强调幼儿是活动的主体，是活动的参与者。数学区作为幼儿园课程实施的一种模式，虽不同于集体教学，但也“一定以幼儿的兴趣和需要为导向，关注幼儿的行动，更关注伴随幼儿行动的思维和情感过程”[1]。

《纲要》明确指出，幼儿园教育的内容虽然可以相对划分为健康、语言、社会、科学、艺术五大领域，但各个领域的内容是相互渗透、有机联系的，在课程实施中应关注教育影响的整体性，也就是说区域之间存在联动。同时也有学者指出，区域联动是打破原有区域活动中对于不同区域中功能和活动类型的严格划分，将不同功能的区域活动联系成为一个整体，使儿童在整个教室中按照活动需要移动，从而完成自己的任务，体现出流动性、问题性和合作性等特征。[2]

经验源于主客体的相互作用，具有交互性，经验既可以指幼儿与他人或事物相互作用的过程，也可以指幼儿在相互作用的过程中获得的感悟、认识、能力和情感等。[3] 因此，本书中的数学区联动价值指的是幼儿以数学区学习获得的关键经验为主，同时也可根据需求，调动其他区域的相关学习经验，从而促进其自身更全面的发展。

下文将分年龄段阐述小、中、大班数学区经验的核心价值与联动价值。需要注意的是，所有梳理基于《纲要》《指南》文件，部分联动价值可能不适用于所有班级的幼儿，可灵活借鉴。

---

[1] 虞永平. 幸福·经验·幼儿园课程 [J]. 幼儿教育，2010（34）：13.

[2] 张莉琴，姚慧颖. STEAM 教育理念下幼儿园区域联动的实施策略研究 [J]. 文山学院学报，2022，35（3）：110-114.

[3] 虞永平. 幸福·经验·幼儿园课程 [J]. 幼儿教育，2010（34）：12.

第二节 小班数学区核心价值与联动价值

1. 小班数学区核心价值

小班幼儿的年龄阶段为3—4岁，对数学内容的学习处于懵懂阶段，核心价值偏重“数与量”，“形状与空间”概念处于萌芽期。例如，数方面的核心价值之一是理解认识“1”和“许多”之间的关系，是幼儿感知数的集合并对集合中的元素产生具体明确的认识的基础，也为学习逐一计数和形成数概念打下扎实的基础。现将小班数学区核心价值梳理如表2-4所示。

表2-4 小班数学区核心价值表

内容		小班数学区核心价值
数	集合分类与对应	1. 在动作的基础上，理解“1”和“许多”之间的关系，即1个、1个……合起来是“许多”，“许多”可以分成1个、1个…… 2. 根据标记将相同的物体集中在一起，进行简单的归类 3. 按物体某一外部特征（颜色、形状、大小、高矮、长短等）进行简单分类 4. 根据物体的特点、关系寻找相关物体，将相关的物体相匹配 5. 用一一对应的方法做等量集合
	数式与计数	1. 进行20以内的唱数 2. 学习手口一致地点数5个以内的物体，并说出总数 3. 通过直接感知说出3个以内物体的数量
	基数意义	1. 感知5以内数量，学习给5以内的点子卡片匹配等量的实物 2. 按实物范例的数目或指定数目取出相应的5个以内数量的物体 3. 根据数量属性将数量为5以内的集合分类
	数的表征	用点子等非正式方法表示5以内的数量
数量	数的大小与多少比较	用一一对应的方法比较5以内数量的多少
	数序	在感知的基础上将数量为5以内的集合按多少排序
	连续量的比较与排序	感知按照一定规律排列的事物，尝试按大小、颜色、形状、长短等差异对5个以内的物体进行简单的排序
	估数	能说出3个以内物体的数量
	重量	通过非标准测量的方法比较物体的轻重
几何图形	几何图形特征	1. 探索物体较明显的形状特征，并用自己的语言描述 2. 认识不同的形状，感知不同形状的特征
	几何图形的分解与组合	借助分割线的提示进行简单的图形组合

续表

内容		小班数学区核心价值
空间关系	空间方位	用上下、前后、里外等方位词描述物体的位置
	空间视觉化	1. 尝试运用平移、旋转进行图形拼搭 2. 能初步感知整体与部分的关系

2. 小班数学区联动价值

小班幼儿的手部小肌肉发展相对迟缓，动作协调能力、交往能力、语言表达能力、探索能力等都处于比较弱的阶段。基于小班幼儿的年龄特点，在开展数学区活动时，除了获取数学关键经验外，与其他领域的关联也密不可分。例如，在小班数学区“图形配对”游戏中，幼儿需要使用蜡笔进行连线操作，在这一活动中幼儿的手的灵活协调能力也得到了一定的锻炼与发展。现将小班数学区联动价值梳理如表 2-5 所示。

表 2-5　小班数学区联动价值表

领域	小班数学区联动价值
健康	1. 能用大拇指、食指和中指抓笔涂涂画画，手的动作灵活协调 2. 能沿直线剪，与边线基本吻合 3. 能愉快地参与游戏，情绪比较稳定 4. 与同伴发生冲突，在老师的提醒下能平静下来
语言	1. 别人对自己说话时能注意听并作出回应 2. 愿意用语言表达自己的需要和想法，必要时辅以简单的动作和表情 3. 愿意在同伴面前说话，能大方地交流自己的游戏内容 4. 在与同伴玩游戏的过程中能注意使用礼貌用语 5. 喜欢用简单的图画或符号表达一定的意思 6. 会看操作示意图，能根据画面说出图中有什么、发生了什么事等
社会	1. 愿意与同伴共同游戏，参与同伴游戏时能友好地提出请求 2. 能根据自己的兴趣选择游戏，为自己的好行为或活动成果感到高兴 3. 喜欢承担一些小任务，自己能做的事情愿意自己做 4. 在提醒下，能遵守游戏的规则，不争抢玩具 5. 知道爱护玩具和其他物品，能轻拿轻放，物归原处
科学	1. 游戏中经常问各种问题，或好奇地摆弄物品 2. 能发现操作材料的显著特征：大小、形状、高矮等 3. 尝试对游戏材料进行简单的分类 4. 操作时能关注到别人的操作，能根据图片进行操作 5. 能用多种感官或动作去探索物体，关注动作所产生的结果
艺术	1. 能按照一定数量有节奏地模仿各种声音或做出动作 2. 经常涂涂画画、粘粘贴贴并乐在其中 3. 能用简单的线条和色彩大体画出自己想要的结果

第三节　中班数学区核心价值与联动价值

1. 中班数学区核心价值

中班幼儿的年龄阶段为4—5岁，对于数学内容有了一定的认知，各方面能力有了较大的发展，但还是以数与量的经验发展为主，图形与空间经验逐渐得到提升。例如在该阶段幼儿的感数能力有所发展，幼儿在3岁前只能感知并说出3以下的数量，大部分幼儿要到四五岁才能感知并说出4个和5个物体的数量。但这种能力的发展有限，最大可感知的数量为5。[1] 现将中班数学区的核心价值梳理如表2-6所示。

表 2-6　中班数学区核心价值表

内容		中班数学区核心价值
数	集合分类与对应	1. 按物体的内部特征（性质、功能、用途等）进行分类 2. 按物体间的数量关系进行分类 3. 初步学习对物体进行多重角度分类 4. 能在情境中感知各种模式规律，能用各种不同的方式进行复制、扩展
	数式与计数	1. 进行50以内的唱数 2. 用点数的方法对10以内数量的物体进行准确计数
	基数意义	1. 感知10以内数量，发现物体的数量不会因其排列方式的改变而变化 2. 根据数量属性将数量为10以内的集合分类
	序数	学习10以内的序数，能从不同方向正确指出某一物体在序列中的位置
	数的表征	1. 将数字与相应数量的集合匹配 2. 认识10以内的数字，并理解数字的抽象意义
数量	数的大小与多少比较	1. 用计数的方法比较10以内数量的多少 2. 体验相邻两数的数量关系
	数序	1. 在数量比较的基础上将数量7以内的集合按多少排序 2. 认识10以内数序，感知10以内相邻数的数差关系
	连续量的比较与排序	按大小、长短、高矮、粗细等差异对7个以内的物体进行排序
	估数	能说出5个以内物体的数量
	统计	能用简单的图形等方式代替数学进行10以内的统计
	重量	使用类推法比较3至4个物体间的轻重关系，并找出最轻和最重的

[1] 张俊．幼儿园数学领域教育精要：关键经验与活动指导［M］．北京：教育科学出版社，2015：58.

续表

内容		中班数学区核心价值
运算	数量的分合	进行5以内数量的分解与组合，体验一个量可以分成两个部分量、两个部分量合起来就是原来的总量
	加减运算	借助实物或情景理解10以内集合的数量变化
几何图形	几何图形特征	1. 感知物体形体结构特征，并运用绘画、拼搭等方式表现物体造型 2. 感知和发现常见几何图形的基本特征，并进行比较、分类 3. 认识并命名立体图形上的平面图形，如三角形、长方形、正方形、梯形、圆形、椭圆形等 4. 认识平面图形（如三角形）的各种变式 5. 探索图形、常见物品中简单的镜像对称关系
	几何图形的分解与组合	不用借助分割线的提示，进行简单的图形组合与分解
空间关系	空间方位	用上下、前后、里外、中间、旁边等方位词描述物体的位置和运动方向
	空间视觉化	1. 有意识地运用平移、旋转和翻转进行图形拼搭 2. 探索图形、常见物品中简单的镜像对称关系
测量	长度测量	用首尾相接摆放单位量的方式，进行长度的自然测量
	面积与体积测量	通过单位面积（方块）覆盖的方式，体验面积和面积测量的意义

2. 中班数学区联动价值

中班幼儿精力充沛、活泼好动，其思维以具体形象思维为主，并开始遵守一定的行为规范与生活规则。4岁左右正是幼儿游戏能力蓬勃发展的时期，幼儿不但爱玩，而且会玩，会尝试自己来确定游戏主题，根据游戏内容分工、安排角色，并在游戏中学习合作与交往。因此，在开展数学区活动时，除了获取数学关键价值外，与语言、社会等领域的关联也密不可分。中班数学区联动价值梳理如表2-7所示。

表2-7 中班数学区联动价值表

领域	中班数学区联动价值
健康	1. 能用笔沿边线较直地画出简单图形 2. 能剪出由直线构成的简单图形，边线吻合 3. 在活动中能经常保持愉快的情绪 4. 能收拾整理好自己使用的物品
语言	1. 愿意倾听老师与同伴的发言，听不懂时能主动提问 2. 愿意与他人交流自己感兴趣的游戏 3. 对游戏中的标识与符号感兴趣，知道它们表示一定的意义 4. 在观察和讨论中能大胆地表达自己的想法 5. 能用图画和符号表达自己的愿望和想法 6. 在提醒下，书写时姿势正确

续表

领域	中班数学区联动价值
社会	1. 知道轮流、分享，会适当妥协，能在成人帮助下和平解决与同伴之间的矛盾 2. 能按自己的想法进行游戏，知道自己的长处，并对此感到满意 3. 敢于尝试有一定难度的活动和任务，自己的事情尽量自己做 4. 感受规则的意义，并能基本遵守规则，知道接受了的任务要努力完成 5. 能运用简单的交往技巧加入同伴的游戏 6. 经提醒，能做到不打扰正在工作或做事的人
科学	1. 愿意大胆尝试用多种方法解决操作中的问题 2. 能细致地观察比较，发现相同与不同 3. 乐于动手、动脑探索物体和材料，能根据观察结果提出问题并大胆猜测答案 4. 能通过简单的调查，收集自己需要的相关信息 5. 能用图画或其他符号记录自己的探究过程或结果 6. 能感知和发现简单物理现象，如物体形态或位置变化等
艺术	1. 对图形进行联想，发展想象能力 2. 在观察图形时，能关注其色彩、形态等特征

第四节　大班数学区核心价值与联动价值

1. 大班数学区核心价值

大班幼儿的年龄为5—6岁，各方面能力较小班、中班都有了明显的提升，尤其是能开始初步的抽象判断和推理，能够掌握一些抽象的概念。例如：在测量竹笋的高度活动中，大班幼儿能借助标准测量工具，准确测量出竹笋的具体高度，并将数据记录下来。现将大班数学区的核心价值梳理如表2-8所示。

表2-8　大班数学区核心价值表

内容		大班数学区核心价值
数	集合分类与对应	1. 学习对物体进行多重角度、层级分类以及同时按物体的2种以上特征进行分类 2. 在已有模式排序经验的基础上有一定的模式创造能力
	数式与计数	1. 进行100以内的唱数 2. 学习运用接数、按群计数、目测数群等多种计数方法计数
	序数	1. 区分基数和序数 2. 能掌握10以内单双数和序数的认识，有一定推理能力
	数的表征	借助百数表初步感知100以内数的系统，初步理解数系统的排列规律

续表

内容		大班数学区核心价值
数量	数的大小与多少比较	比较不相邻的 2 个数或 3 个数的大小关系
数量	数序	理解 10 以内数量关系的传递性、可逆性
数量	连续量的比较与排序	按大小、长短、高矮、粗细、厚薄、宽窄等差异对 10 个以内的物体进行正向排序和逆向排序
数量	估数	1. 理解估数的意义，对物体数量有初步的数感 2. 根据已知线索，推断未知物群的数量
数量	统计	能运用简单的记录表、统计图等来表示数量关系
数量	重量	1. 能通过标准测量工具称出物品的重量，并记录相应的数据 2. 通过标准测量工具，感知数字大小与轻重的关系
运算	数量的分合	1. 进行 10 以内数（除 1 外）的分解与组合，理解分合中的等量、互补与互换关系 2. 体验数量除二分法以外的多种分合方式 3. 能对一定数量的物体进行等分，如二等分和四等分 4. 在分合过程中，体验量的相对性与守恒性
运算	加减运算	1. 进行 10 以内的加减运算，理解加减的实际意义 2. 认识“+”“-”“=”和加减算式，初步理解算式的抽象意义 3. 能尝试列出得数为 10 的算式
几何图形	几何图形特征	1. 能组合运用常见的几何形体拼搭、制作或使用画笔画出物体的造型，富有一定的创意 2. 认识并命名球体、长方体、正方体、圆柱体，认识长方体、正方体的面 3. 理解图形的对称性并学习等分图形，理解整体与部分的关系
几何图形	几何图形的分解与组合	用图形及图形组合进行较为复杂的组合与分解，理解其中的组合替代关系
空间关系	空间方位	1. 学习辨别自己和他人的左右 2. 能按指示空间方位的语言或简单图示来取放物品，反应正确 3. 学习用符号表示物体在二维空间中的位置和运动方向
空间关系	空间视觉化	1. 进行图形拼搭时，有意识地预期旋转和翻转的结果 2. 理解简单示意图中的空间关系 3. 理解并观察三维物体的不同视角
测量	长度测量	1. 重复使用一个单位量进行长度的自然测量 2. 理解测量同一长度时，单位长度的长短和所需单位数量之间的相反关系 3. 了解生活中常见的测量工具的用途
测量	面积与体积测量	1. 会用间接比较的方法测量物体的面积 2. 通过单位面积（立方块）填充的方式，体验体积和体积测量的意义

2. 大班数学区联动价值

5—6 岁的幼儿好学好问，求知欲进一步发展，喜欢问各种问题，喜欢问为什么，喜欢智力活动；开始掌握认知方法，表现出有意识自觉控制和调节心理活动的方法；幼儿个性初具雏形，对事物形成比较稳定的态度。现将大班数学区联动价值梳理如表 2-9 所示。

表 2-9　大班数学区联动价值表

领域	大班数学区联动价值
健康	1. 能用笔等工具画出线条基本平滑的常见图形 2. 能剪出由曲线构成的简单图形，边线吻合且平滑 3. 能按类别整理好物品 4. 能经常保持愉快的游戏情绪
语言	1. 能认真听老师或同伴讲话，有疑问时能主动提问 2. 主动积极参与游戏，积极与同伴讨论、交流，并能听取同伴的不同意见，敢在众人面前说话 3. 讲述时能使用常用的形容词、同义词等，能使用表示因果、假设等较复杂关系的句子，语言较生动 4. 对文字符号感兴趣，知道文字表示一定的意义 5. 愿意用图画和符号表示游戏内容或结果 6. 写、画时姿势正确
社会	1. 能主动发起活动或在活动中出主意、想办法，与别人的看法不同时，敢于坚持自己的意见并说出理由 2. 主动承担任务，遇到困难能够坚持而不轻易求助，自己的事情自己做，不会的愿意学 3. 理解规则的意义，能与同伴协商制订游戏和活动规则，能认真负责地完成自己所接受的任务 4. 能想办法结伴游戏，活动中能与同伴分工、合作、协商，一起克服困难、解决矛盾 5. 爱护他人的劳动成果，在接受他人服务与帮助时会表示感谢 6. 爱惜物品，用别人的东西时也知道爱护
科学	1. 学习多角度地思考问题，并在帮助下，能制订简单的调查计划并按计划收集信息 2. 初步学习运用简单的推理方法思考，主动尝试用不同的方法解决问题 3. 乐于在动手、动脑中寻找问题的答案，对探索中的发现感到高兴和满足 4. 能在观察、比较与分析的基础上，发现并描述物体的特征或变化，以及事物之间的关系 5. 能运用数字、图画、图表或其他符号等记录探究过程和结果 6. 能在探究中与同伴合作，并交流自己的发现、问题、观点和结果等
艺术	1. 能发现生活中有规律性的事物和图案，感知规律性在生活中的运用 2. 能用多种工具、材料或不同的表现手法制作统计图等

第三章 系统规划　润物无声

——数学区空间规划与环境创设

本章简介

本章主要论述数学区空间规划与环境创设的概念、原则、过程、方式及各年龄段数学区空间规划与环境创设的策略，同时附以多个案例供读者参考。本书认为，科学的空间规划与环境创设是促进幼儿获得个性化发展与深度学习的重要前提之一；教师要遵循儿童本位、动静分离、因地制宜等原则，充分考虑活动区的布局与空间大小，根据各年龄段幼儿的发展水平和活动需要，科学规划、合理设置，为幼儿创造有序的活动环境。

思维导图

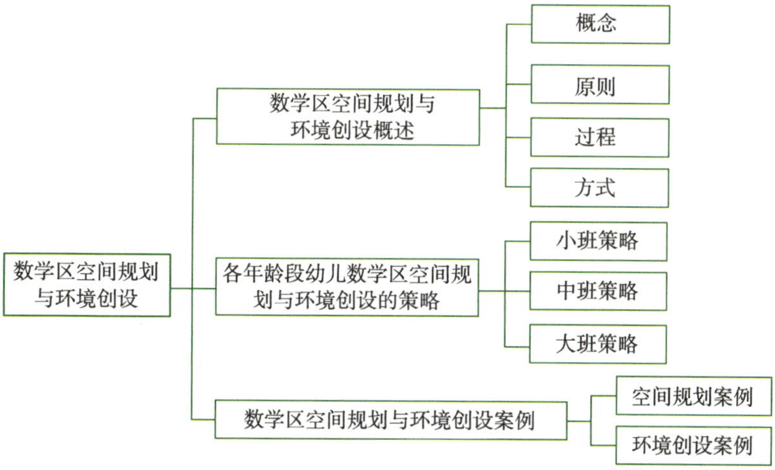

《纲要》中明确指出："幼儿园的空间、设施、活动材料和常规要求等应有利于引发、支持幼儿的游戏和各种探索活动，有利于引发、支持幼儿与周围环境之间积极的相互作用。"给幼儿创设一个丰富多彩、多层次、具有选择性的自由空间，有利于幼儿通过自己的方式在与环境主动积极的相互作用中发展。[1]

美国著名早期儿童保育和教育专家安妮塔·鲁伊·奥尔兹博士在《儿童保育中心设计指南》一书中指出，幼儿活动区规划要有五个明显的特征：一是要有明确的空间位置；二是要有清晰可见的区域边界；三是要有可供幼儿活动的各种设施；四是要有可供存放和展示活动设施与材料的地方；五是要有与相邻的空间相区别的氛围。[2] 本章节首先介绍数学区创设的第一步。

第一节　数学区空间规划与环境创设概述

数学区空间规划与环境创设是幼儿园开展数学区活动首先要做的工作，根据班级的空间环境进行有效的规划，设置成不同区域，是区域活动有效推进的重要保障。

一、数学区空间规划与环境创设的概念

学前儿童数学教育是基于幼儿认知发展特点和年龄特点的数学启蒙教育，而作为数学教育途径之一的数学区是教师基于幼儿"做中学""玩中学""生活中学"的学习特点所创设的蕴含着数学学习目标的数学学习环境。

所谓数学区空间规划与环境创设，是指教师以为幼儿建立"有序、方便的游戏与学习环境"为原则，在对班级活动区的结构作整体思考的前提下，充分考虑活动区域的布局与空间大小，根据本年龄段幼儿的发展水平和活动需要，科学规划、合理设置，为幼儿提供自主数学学习环境，促进幼儿获得良好发展的数学区规划思考与行动过程。

适宜的空间布局是数学区有效实施的前提，对幼儿数学认知发展具有重要意义。教师需从空间充分利用、动静分离、适当封闭、行走顺畅、灵活可变、工具与材料取放方便、桌子安置合理、便于观察幼儿等角度对数学区进行合理的空间规划，能够为幼儿创造合理、有序的活动环境。例如，教师可将本年龄段幼儿的数学领域发

[1] 彭敏．幼儿园区域活动的个案研究［D］．西安：陕西师范大学，2015.

[2] 安妮塔·鲁伊·奥尔兹．儿童保育中心设计指南［M］．刘晓光，匡恒，译．北京：机械工业出版社，2008.

展目标隐于环境创设中，通过层次性的材料投放帮助不同能力水平的幼儿找到适合的游戏内容，从而引发其自主探索行为，主动建构经验。通过有计划地进行材料投放，支持幼儿在与环境的互动中不断地积累数学经验，从而获得数学思维的发展。

二、数学区空间规划与环境创设的原则

结合数学学科和幼儿数学学习的特点，在规划与创设数学区时需着重体现以下原则。

1. 儿童本位原则

教师在做数学区空间规划与环境创设时要体现“儿童本位”原则，充分尊重幼儿的主体地位，结合幼儿的兴趣与需求。将规划与创设的过程视为教学的过程，引导幼儿一起参与区域的规划与创设。要多听幼儿的想法与建议，寻求最适宜的方案。在环境创设时，亦不能简单地从成人的视角进行布置，而应通过观察了解幼儿的能力水平与需要，进而投放既符合幼儿兴趣又满足幼儿发展需求的游戏材料。在活动区内更多地呈现幼儿的自主表征与游戏轨迹，引发幼儿与环境进行更深入的互动，获取有益经验。

2. 动静分离原则

动静分离是空间规划时考虑的主要因素之一。作为学习探究类的数学区更加需要远离喧闹的区域，营造一个相对安静、没有干扰的活动环境，帮助幼儿安静地运用思维来解决数学问题。首先在位置选择上，数学区宜设立于光源较为充足的安静区域，尽量选择活动室中相对封闭而安静的一角，空间大小以可同时容纳 5—7 名幼儿为宜。比如，教师在对班级空间进行统筹规划时，如果将数学区与表演区、美食店等相对喧闹的区域相邻，那么表演区的音乐声、美食店的叫卖声势必会干扰到数学区幼儿的深度探究，影响活动效果。因此，数学区可以与美工区、语言区等相对安静的区域相邻，通过一定的隔断形成相对封闭的空间，满足幼儿静心操作与思考的需求。同时，教师也要根据幼儿的能力水平与兴趣投放既有层次性又有操作性、趣味性的游戏材料，吸引幼儿持续与游戏材料进行互动，在环境的隐形引导下，自主自愿地安静游戏，在活动中享受数学游戏带来的成就感与幸福感。

3. 因地制宜原则

区域数量和种类的选择与活动室空间的大小、班级幼儿人数、幼儿的兴趣密切相关。因此，需要根据各班级的活动室面积大小、幼儿游戏水平与实际需求来设置区域的数量及种类。比如，A 班的格局是活动室、午睡室一体式的，由于活动室外的走廊狭小，无法利用，因此所有区域只能全部设置在活动室内。于是，教师带领幼儿一起根据活动室实际情况围绕活动室区域规划开展了讨论，将靠近水源的位置

留给了美工区，并将数学区与阅读角设置在了毗邻美工区的靠窗位置，将棋社设置在了安逸的角落，将建构区设置在了午睡室区域，并采用“一区多用”的方式，根据幼儿的游戏灵感变换游戏内容，如美工区亦可变换成饰品店、美食店等，在因地制宜、弹性游戏的同时扩大了各区域空间，提高了空间的利用度。

三、数学区空间规划与环境创设的过程

班级区域环境作为幼儿园环境的重要组成部分，更加注重儿童个性的发挥、选择与发展，是促进儿童个性化发展的重要教育资源，具备独特的教育价值。[1] 教师对班级空间进行合理规划、对数学区进行环境创设能够有效激发幼儿的探究兴趣，并通过游戏材料、规则标识、学习轨迹的呈现来促进幼儿从中获得深度学习。

（一）空间规划程序

一间空无一物的教室中到底要设置几个活动区，以及如何规划和布置这些活动区，这是许多教师首先要考虑的问题。数学区空间规划的参考程序如下。

1. 细致考察教室环境，估量可选区域特征

进入新教室后，教师根据盥洗室、前后门等的位置，大致确定适宜用于区域活动的教室空间（包含划归本班的走廊、阳台等公共空间），并对其长、宽以及面积进行估算或测量。此外，还要细致考察教室环境，并按照以下几个特征对教室进行标注：独立与串联、封闭与开放，安静与喧闹、空间的大与小、有水龙头或插头、阴暗与明亮等。[2]

2. 基于幼儿情况和年龄教育目标确定区域数量和类型

确定活动区的数量和类型要考虑班级幼儿人数、年龄教育目标和幼儿年龄特征等三方面因素。一般来说，每个活动区的最佳容纳人数为 5—6 人，如果人数太多，意见很难统一；人数太少，又很难发挥小组学习的作用。以一个班 30—35 名幼儿来计算，每班需要设置 6—7 个活动区，这样才能保证每名幼儿都能进入活动区，同时，只有设置数量较多的活动区，才能涵盖五大领域，真正做到幼儿依据自己的兴趣进行自由选择。

3. 分析各区域特性，匹配教室空间特征

确定班级大概的区域数量和类型后，教师还要分析各区域的基本特性和保障幼儿顺利开展区域活动所需的客观条件，并与班级空间内可用区域的特征相匹配，大

[1] 刘婧月．儿童视角下的幼儿园班级区域环境创设研究：基于马赛克方法［D］．长春：长春师范大学，2021.

[2] 王微丽．幼儿园区域活动环境创设与活动设计方法［M］．2 版．北京：中国轻工业出版社，2022：30.

致确定每个区域的位置。例如，美工区需要较大的空间，且靠近盥洗室；绘本区需要相对封闭、安静、采光适宜的区域；等等。

4. 区域空间规划要综合统筹安排

在区域空间规划时，要把特性相近、功能上互补且较为密切的区域规划在一起，要多考虑幼儿在班级区域中走动的轨迹图，避免“断头路”“碰撞点”等。考虑幼儿数学学习具有较强的逻辑性、系统性和应用性等特征，数学区一般要求独立、较为封闭、安静且面积比较大，尽可能避开建构区、美工区、生活区、表演区等，避免幼儿在操作材料、思考时受到其他区域或其他幼儿的干扰，且要保证有足够的空间摆放多种材料、支持多名幼儿互动交流。当然，随着幼儿年龄的增长，从小班到中班再到大班，幼儿的注意力、自控力等都在发展，不同年龄段中数学区空间规划需要灵活调整。例如，大班数学区相对小班数学区会更开放，面积要更大。

（二）基本设施布置

数学区的基本设施布置，指数学区大物件的选择和摆放，也有研究用“区域隔断”“界限分割”等进行表述。当然，数学区的设施布置不是一成不变的，还要根据幼儿年龄段、投放活动内容等进行变动和更新。数学区基本设施布置的参考程序如下。

1. 教师要根据幼儿园或班级的环境创设风格，来布置数学区的基本设施

教师尽可能利用班级中配备的活动柜、椅子、操作台、地垫、操作毯、小黑板等进行布置。上述材料一般由幼儿园统一采购，对器材的品牌、款式、高矮、大小、重量、颜色等做出了统一规定，能确保与班级其他物质环境相匹配，能适应幼儿身高，轻便灵活可挪动。许多数学区还有垂吊挂架或幼儿操作记录展示面。在实践中，一般可用 3—4 个活动柜合围形成一个相对独立安静的封闭空间，方便幼儿在该空间中进行活动。

2. 教师要充分、多样化地利用数学区的每一处空间

空间包括平面和立体面，在布置设施时，要把每一处空间、墙面、柜层板、柜面和地面都营造成具有数学区特点的环境空间。教师除了利用平面的桌面外，也可以利用墙面、柜面、地面、空中等立体面，设置一些可移动的操作板、地垫等，改变原先只能在桌面操作的单一方式。如果地面空间允许的话，可将走迷宫、数字格子跳跳乐等游戏设计成在地面操作，通过地面空间利用，将抽象枯燥的数学知识和有趣的运动充分整合起来，让幼儿既获得了数学知识，又锻炼了身体的灵活性。同时，重视幼儿在课程中的问题发现、探索过程与表达表现，将幼儿在游戏过程中产生的问题、思考通过儿童表征、照片等形式布置在墙面、柜面及隔断上，在环境中体现儿童的经历与课程的足迹。

3. 教师要根据数学区未来接纳的幼儿人数，合理调整数学区面积，并配备相适应的操作台、椅子等

合理安排数学区内机动空间，可以让幼儿出入时、起身取放材料时都尽可能不影响其他幼儿。此外，教师还可对数学区进行一定的装饰，张贴一些卡通画，或布置专门用于展示幼儿记录或表征的区域。

4. 教师要确保数学区的安全性、卫生性和可观察性

教师要确保能随时观察到数学区幼儿的活动状况，所以隔断的柜子不能太高、悬挂的垂吊物品不能太大，不会阻挡教师视线。如有悬挂架，要确保没有儿童能够到的细线，以杜绝幼儿吞咽和绕颈窒息的危险。

四、数学区空间规划与环境创设的方式

适宜的数学区空间规划与环境创设必须在综合分析活动室采光条件、空间大小、幼儿人数、幼儿能力水平、幼儿发展目标及班级其他游戏区情况等前提下进行，充分挖掘一切可利用的空间资源进行科学的规划、布局与创设。区域空间的分配，取决于区域活动性质和使用该区域的幼儿人数，数学区的总体要求需要考虑有趣有用、便于取放、开放灵活等因素。

（一）数学区空间规划的方式

班级教室是幼儿一日生活的主要场所，教师要基于动静分离原则进行合理的空间规划。班级教室活动空间较大的情况下，活动区域可以相对固定。如果班级教室活动空间较小，就要统筹规划利用。

1. 空间宽敞，区域大小基本固定

对于活动空间较宽敞的班级教室来说，可以明确数学区的空间位置，突显数学区的明显特征。区域大小可以基本固定，幼儿进入区内就能马上进行探究学习，省去挪动桌椅及材料柜的时间，能够给予幼儿相对舒适的活动环境。

当然，太过空旷的场地也不利于幼儿专注探究，即便场地较宽敞，也不应造成已有空间的闲置，教师可在区域内结合活动内容、材料的不同类别规划不同的功能区，满足幼儿多元探索的需求。

2. 空间狭小，根据需求灵活调整

对于活动空间较狭小的班级教室来说，教师要具备灵活变通的意识，可尝试改变空间中的某些元素，根据需求为活动开展提供充足的条件。比如，有些班级因空间条件的限制，平时将活动材料柜放置在不影响通行的地方，待活动开始则将其摆放至合适的位置。同时，教师要有效利用柜面、墙面等空间资源，让数学区空间的

价值最大化。另外，教师也可借助网格架呈现相关数学活动或幼儿的活动轨迹，如此，既起到了隔断的作用又丰富了区域内容。

（二）数学区环境创设的方式

1. 沉浸式环境

数学区是比较安静的活动区域，因此用柔和的色调来创设数学区环境能够使幼儿身心放松、情绪平和，更有利于提升幼儿在数学探究过程中的专注度。那么，怎样打造柔和的色调环境呢？教师可选用米色、咖色、灰色等中性色进行环境创设，也可用同一色系的深浅搭配法来营造舒适、和谐的氛围，避免使用大面积撞色而对幼儿的注意力造成干扰。此外，教师可借助材料柜来打造半开放的区域环境，使数学区与其他区域之间存在一定的隔断，以此为活动提供保护空间，帮助儿童专注于活动。

2. 易懂式标识

规则是保障游戏秩序的基础。为便于幼儿明晰本阶段数学区的各项要求，更好地遵守游戏规则，如何用幼儿易懂的方式呈现各类规则与标识是教师在数学区环境创设过程中必须考虑的一项重要内容。比如，在教室里设一面“问题墙”，请幼儿将近段时间自己在玩数学区游戏时发现的问题通过绘画表征的形式呈现出来，教师将在幼儿之间普遍存在的问题用标识的形式形成本阶段数学区的规则，帮助幼儿解决基础问题、提升游戏质量。又如，将有着内在关联的图示分别呈现在材料盒和材料柜上，进而帮助幼儿通过对应的方式学习收纳整理，以保障数学区的整洁有序。

3. 便捷式收纳

在数学区中，教师可以根据不同功能类别进行不同游戏材料的投放。比如，一个材料柜上可以投放低结构的生活材料，一个材料柜上可以投放教师自制的数学游戏材料，另一个材料柜上可以投放根据幼儿发展需要而购买的成品数学玩具。在材料的呈现方式上，我们经常能够看到很多教师会将这些游戏材料放在托盘中，使材料一目了然、引人注目且整齐实用。每次游戏时，幼儿可直接将托盘连同游戏材料一起搬到桌面上，游戏结束后将游戏材料直接收纳在托盘中一并放回材料柜，取放方便，收纳快速。这种指向明确的形式对于整理能力及游戏自主能力相对薄弱的小班幼儿尤为适合。另外，在选择储物柜的时候，要考虑幼儿的身高特点，如果储物柜太高，幼儿难以自主取放，就应当作出适时的调整。

4. 生活化利用

随着课程资源的开发，数学区中除了将某一种游戏的材料全部收纳在一个容器里以外，通常教师还会投放树叶、小石子、纽扣、树枝、卷纸芯等开放类的生活材料。这些材料通常都是按类收纳，幼儿可以根据自身能力水平与活动需要对这些开放类的游戏材料进行创造性的摆弄、操作和记录，从而借助具体事物来理解抽象的数学知识，获得不同的发现，丰富数学经验。比如，利用不同颜色、大小的纽扣可以探究按规律排序，可以比大小、比多少，也可以帮助幼儿理解数量的分合。可以说，幼儿在概念形成的过程中所依赖的具体经验越丰富，对数学概念的理解就越具有概括性。

5. 可视化鹰架

游戏痕迹是区域环境中不可或缺的一部分。幼儿在具体实物、图片和符号理解之间的联系不是自动建立的，需要教师提供不同的表征方式帮助幼儿加强数学联系，培养数学思维。因此，在数学区环境创设中，教师要动态地将幼儿在该区域内遇到的问题、思考方法等通过可视化的方式呈现出来，帮助幼儿梳理游戏经验，提供鹰架支持。比如，当教师投放一项新材料后发现幼儿普遍不会玩时，教师可以将这一项游戏材料的玩法通过图示的形式布置在该区的柜面、墙面或隔断上。借助环境的作用来影响幼儿的学习。又如，教师可引导幼儿将对某种游戏材料的探究过程通过游戏故事的形式呈现在区域内，借助同伴间的经验交流引发幼儿的深度学习。

第二节 各年龄段幼儿数学区空间规划与环境创设的策略

幼儿园课程的起点是班级环境创设，而班级环境创设的第一步是合理规划班级活动室的空间，使其有利于幼儿的进一步发展。区域空间规划考虑是否全面，区域种类与数量的设置是否合理，环境创设是否适宜等都将对整个区域活动效果产生重大影响。因此，在数学区的空间规划与环境创设时教师要充分考虑各个年龄段幼儿的学习特点，因地制宜、多维利用、巧妙创设。

一、小班数学区空间规划与环境创设的策略

1. 空间相对封闭，位置固定

考虑到小班幼儿专注度不高，注意力不集中，会有较多问题和需求，容易受到外部环境影响且安全意识薄弱等特点，小班数学区的空间要相对封闭和独立，与较为喧闹的区域、人流等间隔开，保证学习不被打断。同时，小班幼儿正处于初步建立规则意识与秩序的关键时期。因此，在为该年龄段幼儿规划与创设数学区时最好

固定桌椅、游戏材料摆放的位置，帮助幼儿建立游戏联结。在实践中，幼儿进入活动区后一般会在固定的位子进行活动，因此教师要确保数学区开放时有足够的桌椅。

2. 物品选择合理，鼓励桌面操作

在布置小班数学区常用活动柜时，要考虑配备一定数量的椅子和桌子。

活动柜的选择，首先要考虑幼儿平均身高，其高矮、宽窄、大小、层数要方便幼儿观察、取用和摆放材料，确保每一层都在幼儿视野内，确保每一层能放下不同大小、高度的托盘、操作材料。相对于中、大班，小班的活动柜要矮一点、短一点。此外，活动柜一般选用木制的，且是开放式的，不带玻璃窗或布帘。

在小班数学区一般会配备桌椅而不提供操作毯。小班幼儿身高较矮、精细动作能力弱，一般不适宜长时间站立操作。此外，操作材料一般比较大，需要较大的操作面积。因此，教师可将两张儿童操作桌的长面进行拼接，周围环绕摆放一定数量的儿童椅，确保所有幼儿都能端坐着在桌面上进行操作，并可渗透良好坐姿培养。

3. 环境贴近生活，富有情境

小班幼儿的思维以具体形象思维为主。教师在进行环境布置时，一方面可用色彩鲜艳、造型可爱、富有童趣的卡通动植物形象营造区域氛围，激发幼儿的兴趣；另一方面也可在环境布置中使用一些生活中常见的材料，并赋予一定的故事情境。比如，在进行“分红枣”活动时，可以在区域内布置一些幼儿熟悉的红枣、碗的图片。又如以“给妈妈串项链”为游戏背景，通过创设游戏化的区域环境，激发幼儿在富有情境的游戏中体验数学的乐趣。

二、中班数学区空间规划与环境创设的策略

1. 空间半封闭，方便师生交流

相对于小班幼儿，中班幼儿在专注度、安全意识、自控力等方面有了明显提升，有了一定的规则意识，对教师的依赖和活动中可能遇到的问题也在减少，但又缺乏足够的自我解决问题的能力和信心。因此，中班数学区一般会调整成半封闭的空间。这样既能保障幼儿高效活动，又能方便幼儿活动和师生互动。

2. 增加空间，打造空间秩序感

随着幼儿年龄的增加，中班幼儿数学学习的内容丰富了，数学区材料的种类、数量和复杂性也增加了，需要相应增加存放材料的空间和拓展幼儿操作的平台。此外，在条件允许的情况下，教师还应对原有的活动柜、操作台进行更换，更换为更大、更高的活动柜。同时，这个阶段的幼儿的自我管理能力较弱，这就要求数学区的桌子、柜子、游戏材料等应尽量摆放有序，便于幼儿取放和整理。教师可以将材料按领域、经验、目标等大类进行摆放，一层柜子尽量放同一种类的材料，每份材

料对应一个标签，从而保证环境的有序整齐。

3. 创造条件，助力发展合作力

中班幼儿普遍已经开始有合作的倾向，因此，为幼儿创设宽敞的、灵活的操作空间有助于幼儿合作行为的发生。除保障该年龄段数学区的空间大小以外，教师还可以适当营造便于幼儿合作的空间。可以撤去原先两张桌子中的一张，改成操作毯，便于多名幼儿近距离开展合作活动；也可以将长桌替换成可供两人坐的小桌子，便于幼儿面对面坐下进行合作类的游戏。

4. 巧妙鹰架，呈现材料关联性

恰当的活动材料呈现方式能够有效地对幼儿的数学区活动起到鹰架作用。中班的幼儿有着明显不同的发展层次，因此教师需精心创设环境，通过关联性呈现为不同发展层次的幼儿提供鹰架支持。比如，教师根据班内不同能力水平的幼儿在数学区探究的问题，有目的地在相关活动材料旁投放可以突破幼儿活动瓶颈的、具有关联性的材料。让不同发展层次的幼儿都能在材料的关联性呈现中获得启发，进一步激发多样化的游戏行为，获得深度学习。

三、大班数学区空间规划与环境创设的策略

1. 空间开放，支持自主学习

进入大班后，幼儿活动经验增加，能力进一步提升，能较好地设计、规划并管理活动，其求知欲、探索能力、合作能力也有了很大进步，在遇到问题时向同伴、老师寻求帮助的行为也有所增加。因此，教师要将数学区布置成开放式的，不固定桌椅、操作毯的摆放位置，以方便幼儿在更加独立、开放、自由的空间中开展自主学习。

2. 灵活可变，满足幼儿多元活动需求

大班幼儿活动经验丰富、自主性强，常常在活动中生发出很多具有创意的玩法。因此，教师在环境创设上需要支持他们的活动创意，满足他们根据活动需要而灵活调整区域布局、大小及活动内容的需求。比如，当幼儿产生了将数学区与“医院”联动的想法后，教师及时在数学区的一角投放红豆、绿豆、芸豆等低结构材料和不同的小盒子、小瓶子，与幼儿一起将其改造成“小药房”。该区的幼儿可根据医生的“处方”进行不同药品（豆子）种类及数量的匹配，从中获取数量分合、称重、集合分类等方面的有益经验。

3. 多元开放，依托生活解放双手

随着大班幼儿活动水平的逐步提高，教师可根据本年龄段幼儿的数学核心经验，有目的地增加对生活中低结构材料的投放，将自己从繁杂的教玩具制作工作

中解放出来，引导幼儿通过低结构、高开放的活动材料生发更多多元化的玩法。比如，B班的两名教师结合当地的萝卜资源，在萝卜丰收的季节发动家长搜集各个品种的萝卜，用不同颜色的萝卜片设计了“萝卜数独”游戏，幼儿可以根据自己的能力水平自主选择不同宫格的数独盘进行活动，材料简单，有趣有用。随着幼儿活动能力的提升，该班教师除了使用萝卜以外还提供了树枝、各种干花、橡果等材料，幼儿可以用树枝自主摆放不同宫格的数独盘，使活动满足不同能力水平的幼儿的需求。

4. 思维可视，助力幼儿表征呈现

幼儿是在与环境的积极互动中建构经验并获得发展的，环境中呈现的幼儿学习轨迹，不仅是对幼儿学习发展的记录，也是教师教育反思的窗口。大班幼儿有着很强的表征能力，且在数学区中有着强烈的表征需求。因此，教师在数学区中要提供表征、展示的空间，并能在环境中及时呈现幼儿游戏时的发现、问题、解决策略或创意玩法，让可视化的环境帮助幼儿实现经验共享，激发更大的创造性。

第三节　数学区空间规划与环境创设案例

一、数学区空间规划案例

1. 数学区空间规划案例（大班）

◉ **案例描述**

（1）空间隔断半包围，合作游戏更专注。

大C班在数学区的空间规划上充分考虑本班幼儿的游戏习惯，如幼儿喜欢在数学区玩游戏，同一时间选择数学区的人数较多；数学区玩具较多，且单次游戏中幼儿更换材料的频率相比其他区域较高……因此，教师将数学区设置在室内靠窗的位置，并利用玩具柜进行了空间的隔断，以保证数学区的安静、明亮、宽敞。这样的空间规划在提升幼儿的专注力的同时，更有助于幼儿合作行为的发生，且能有效避免游戏中出现材料混淆或幼儿间肢体冲突而造成的游戏中断。

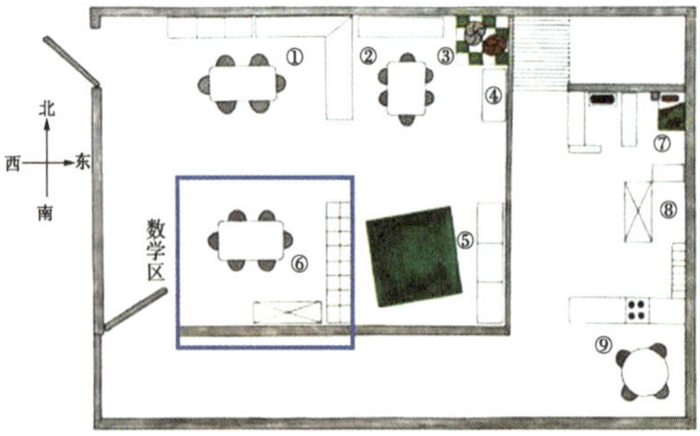

T 园大 C 班空间规划图

大 C 班数学区

（2）墙面过道巧利用，碎片时刻勤动脑。

考虑到幼儿对区域空间的充分利用以及数学知识的巩固性原则，大 C 班教师利用墙面和过道，将主题课程资源融入数学游戏，制作“话题感”数学玩具。在“马路上”主题活动中，将集体活动“我给汽车上车牌”的延伸活动创设在玩具柜侧面；在“绿色的春天”主题活动中，利用长而窄的墙面，以幼儿感兴趣的“种花”为情境，创设墙面游戏“小花园”；将时钟、扑克牌等较大、不方便在桌面操作的玩具布置在立体墙面上，节约空间的同时也有助于幼儿随时随地地利用碎片时间进行数学游戏，巩固数学小知识。

集体活动“我给汽车上车牌”

在主体墙面布置玩具

墙面游戏“小花园”

（3）单份玩具巧收纳，取放整理更便捷。

玩具材料取放方便、收纳整齐有序也是在进行空间规划时需要考虑的因素之一。数学区的玩具较为丰富，单个玩具包含的操作材料散而多，为方便幼儿玩具的取放与材料的收纳，使数学区更整洁有序，可以选择整齐划一的操作篮、操作盘搭配收纳标记进行玩具材料的收纳和摆放。

操作篮收纳

操作盘收纳

（4）区域空间非固定，动态调整显灵活。

数学区的空间规划应以方便幼儿游戏为前提，遵循灵活多变的原则。例如，教师将两张桌子拼接成宽大舒适的桌面，最大限度地减少了游戏过程中数学材料混淆等问题。但在进行飞行棋游戏的过程中，当同时存在四名“飞行员”时，出现了并排游戏导致互相推挤的现象，此时幼儿可将两张游戏桌分开，一人一面就舒适多了。

有的较大型的玩具可以利用活动室中间的空地来操作，比如，数学游戏“怪物保龄球”中，幼儿以竞赛的形式进行数字大小的比较，相比其他数学游戏，这是一个“动静结合”的多维数学游戏，幼儿调整操作桌进行游戏，也可以在宽阔地面游戏，充分展现出数学区空间灵活多变的重要性。

互相推挤

一人一面

在操作桌上游戏

在宽阔地面游戏

◉ 案例分析

数学区作为一个学习性的区域，具有学习性强、专注力要求高、材料种类数量多、收纳要求高等特点。因此在数学区的空间规划过程中，应充分考虑班级环境现状，因地制宜，尽可能将数学区的各项特点考虑在内，并随着游戏观察以及幼儿需求随时灵活地调整。

（苏州市吴江区坛丘幼儿园　仲予芳）

2. 数学区空间规划案例（中班）

◉ 案例描述

为了充分利用班级空间，将墙面、柜面设计成展示、操作区域，以不同的形式呈现数学游戏内容，能有效激发幼儿兴趣。

将墙面、柜面设计成展示、操作区域

区域游戏时间一到，中D班的妍妍和源源就来到了数学区玩起了墙面上的“瓶盖变变变”游戏，妍妍随手拿起一个黄色瓶盖摆了上去，源源也拿起红色瓶盖摆了上去；源源摆了一条长长的公路，妍妍摆了一个三角形；摆完后两人看了一下，源源说：“像小汽车，我们一起来把它‘变’成小汽车吧！”两人开始你放一个瓶盖我放一个瓶盖的游戏。不一会儿，一辆汽车真的“变”出来了。两人开心地看向教师：“老师，快看！我们一起拼了一辆汽车。”教师肯定地点头回应：“哇！还是一辆由不同颜色的瓶盖拼成的汽车呢！”源源说：“对，我们用了红色、黄色、绿色、蓝色的瓶盖，红色瓶盖最多，我来数数。”源源开始了按物点数，妍妍也跟着数了起来。源源嘀咕着：“我都忘了红色的瓶盖有几个了。”在老师的引导下，源源从操作篮里拿来纸进行记录，并把记录好的纸夹在了网架上。

数学游戏“瓶盖变变变”

做好记录

◉ 案例分析

《幼儿园工作规程》指出：“创设与教育相适应的良好环境，为幼儿提供活动和表现能力的机会和条件。”幼儿是游戏的主人，教师要为幼儿创设宽松、自主的游戏环境，让幼儿与环境产生互动，在互动中得到发展。中班幼儿的动手能力逐步提升，在游戏探索中有一定的记录能力，教师要鼓励幼儿的过程性表征。“瓶盖变变变”是一个开放性的数学游戏，以墙面的形式呈现，给予幼儿足够的自由探索空间，柜面的隔网架可呈现幼儿在游戏中的探究痕迹，既激发了幼儿的主动参与，又可以为下次游戏的经验生长提供支撑。

（苏州市吴江区坛丘幼儿园　钱益萍）

3. 数学区空间规划案例（小班）

◉ 案例描述

A 园的活动室布局方正，午睡室位于二楼。教师将数学区规划在活动室南面靠窗的位置，毗邻美术区，充分利用自然光线，营造明亮、舒适的游戏环境。数学区与美术区之间通过玩具柜进行隔断，既保证了区域的独立性，又保持了空间的开放性。数学区内设有两张并排的操作桌，方便幼儿进行小组合作或独立游戏。游戏材料按类别分篮放置，并有清晰的收纳标识，如“点数”“形状”“排序”等，帮助幼儿在自主选择游戏材料时，潜移默化地感知数学概念。

教师还结合小班幼儿的兴趣特点，设计了形象生动、富有童趣的数学游戏，如“小花朵的叶子”“水果宝宝找朋友”“糖果分类”等，深受幼儿喜爱。在游戏过程中，教师观察到桌面材料较为松散，幼儿在操作时容易出现材料混在一起的情况，导致游戏中断。为了解决这一问题，教师与幼儿共同讨论，决定利用墙面空间，在落地窗下方布置一面数学游戏操作墙。操作墙的布置不仅节省了桌面空间，还为幼儿提供了更多游戏选择。例如，“小花朵的叶子”游戏要求幼儿根据花瓣数量匹配相应的数字；“水果宝宝找朋友”游戏引导幼儿按颜色或形状分类；“糖果分类”游戏则鼓励幼儿根据数量或大小进行排序。这些游戏既符合小班幼儿的认知水平，又为幼儿提供了合作与交流的机会。

玩具材料按类别分篮放置，并有清晰收纳标识

空间支持幼儿探究活动

◉ 案例分析

《3—6 岁儿童学习与发展指南》指出，教师应为幼儿创造社会交往的机会，让幼儿在游戏中体验交往的乐趣。在本案例中，教师通过合理规划数学区空间，不仅为幼儿提供了丰富的数学游戏材料，还通过墙作墙的布置，巧妙地解决了桌面材料混在一起的问题，提升了游戏的有序性和稳定性。墙面游戏的设计不仅激发了幼儿

的游戏兴趣，还为幼儿提供了更多合作与交流的机会。

该数学区的空间规划还体现了对小班幼儿社会性发展的支持。通过将操作桌与操作墙结合，幼儿既可以选择独立游戏，也可以与同伴进行合作游戏。这种灵活的空间设计不仅能够满足小班幼儿数学认知发展的需求，还提供了多样化的交往机会，帮助他们在游戏中逐步建立规则意识、任务意识和社会交往能力。

（苏州市吴江区坛丘幼儿园　仲予芳）

二、数学区环境创设案例

1. 收纳的智慧（大班）

◉ 案例描述

在数学区的环境创设中，桌子、柜子、游戏材料等的有序呈现有利于幼儿取放和整理。所有材料按类摆放，一层柜子尽量只放一种材料，每份材料对应一个标识，从而打造一个有秩序感的区域环境。环境中物品材料有序取放，也是分类、排序、对应等数学内容在环境中的渗透。我们以大班数学区的标识为例分类介绍收纳的智慧。

（1）数的分合。

对于幼儿来说，初学加减运算主要依赖具体事物，随着年龄的增大，幼儿的思维逐渐从具体形象思维向抽象逻辑思维转变，可以逐步脱离具体事物，掌握数式的运算。教师可以将数的分合融入日常教育，帮助幼儿巩固数、量及数量关系。在数学区的环境创设中，教师可以巧妙地运用数的分合进行标识的设计。

大班教师请幼儿参与标识制作。一名幼儿出题，在纸上写上“4”以及“1和?”，一名幼儿答题，在另一张纸上写下答案“3”。收纳时，问号和数字一一对应，幼儿的每一次取放都等同于进行了一次分合的计算。随着幼儿的经验不断增长，后期的分合设计可逐步提升难度，让幼儿自行设计，进一步感知数、量及数量关系。

运用数的分合进行标识的设计

（2）排序。

幼儿在生活中能够感受到数序的有趣和有用，能发现简单的排列规律，并尝试创造新的排列规律。在进行收纳设计时，教师可以通过有规律的图示，引导幼儿感知排序。教师可结合幼儿的能力水平，鼓励幼儿创造新的排列规律，形成新的标识。

通过有规律的图示形成标识

（3）时钟。

《纲要》指出："引导幼儿对周围环境中的数、量、形、时间和空间等现象产生兴趣。"时钟是我们的日常生活用品，对于即将步入小学的大班幼儿来说，认识钟表、加强时间观念、懂得爱惜时间是很有必要的。

老师在设计区域中的标识时也可以引入时钟，请幼儿自由绘制表盘，幼儿先绘制一个圆，然后对圆进行分区并填写数字1—12，最后加上代表具体时间的指针，有意识地将指针的长短进行区分，用以表示时和分。幼儿在制作过程中需要绘制一个边缘平滑完整的圆形。该活动要求幼儿能正确书写数字，比较长和短，更重要的是能够帮助幼儿了解时钟的表面结构，区分时针和分针。除了表盘的设计，教师还可以组织一次数学游戏，请幼儿对照表盘，正确识读时间，填写数字表示几时几分。在设计的时候教师可以根据幼儿的年龄特点和实际发展情况，让幼儿侧重对整点和半点的认知即可。

通过前期铺垫，幼儿对时钟的认读和时间的匹配有了初步的经验。教师在后期创设环境时，在对应的箱子和柜子上分别贴上时钟和时间，幼儿在每一次取放材料时都能巩固对时间的认知。

幼儿绘制表盘，制作标识

◉ 案例分析

在数学区的环境创设中，小小的收纳都能蕴含着满满的智慧，每一次的环境创设，其实都可以预留充足的空间让幼儿参与；每一次设计、每一次收纳，都能给幼儿带来一次学习的机会、一次经验的增长、一次实践性的成长。

（苏州市吴江区坛丘幼儿园　李鸣喆）

2. 游戏计划（大班）

◉ 案例描述

教师在数学区中投放了一个问题墙，问题墙上设置了三个板块，分别是我的计划、遇到的问题、解决方法。三个板块都以文件夹的形式留存，便于幼儿根据游戏情况灵活调整更换。

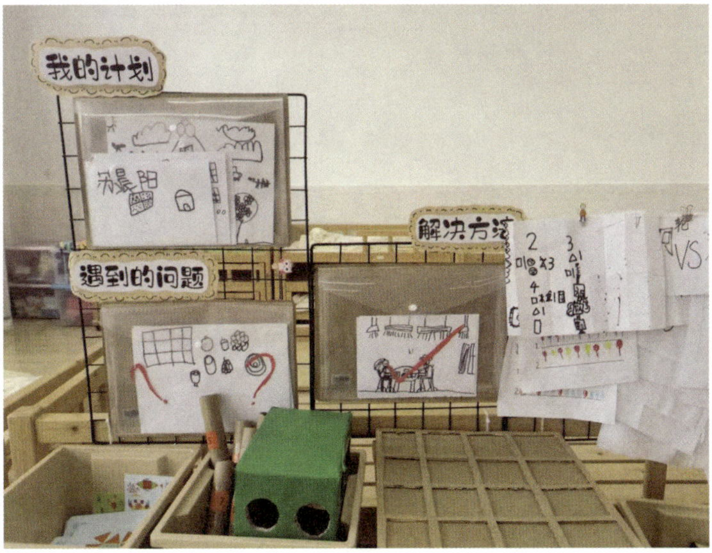

问题墙

教师可以在每次游戏开始前组织幼儿对游戏做计划，请幼儿通过绘画表征的方式对即将开展的游戏做设想和安排，让整个游戏更具方向性。可弹性安排游戏的计划时间，比如前一天的过渡环节、当天入园时的空闲时间、谈话环节等。计划的形式是多元的、灵活的，教师可根据幼儿的年龄特点循序渐进地引导幼儿做计划，促进幼儿深度学习。

一名大班幼儿做了自己的数学区游戏计划，他打算利用松果、树叶等材料进行数独游戏。

幼儿的数学区游戏计划

游戏结束后，教师可利用碎片时间请幼儿将游戏中遇到的问题用符号或图案的形式记录下来，然后呈现在"遇到的问题"板块中。这样，一方面，幼儿可以自行查阅问题，自行商讨解决方法；另一方面，教师可以定期组织分享，收集幼儿在游戏中遇到的问题，共同商讨解决问题的方法。在整个游戏过程中充分尊重幼儿的自主性，让幼儿自主发现问题、解决问题。

◉ **案例分析**

自发、自愿、自主是区域游戏的特点。在区域游戏中应该给予幼儿充分的自主权，以幼儿的快乐和满足为目的，体现幼儿的意愿，让幼儿在游戏过程中能够充分发挥自身的创造性、主动性和积极性。

（苏州市吴江区坛丘幼儿园　李鸣喆）

3. "狮子保龄球"与数量关系（大班）

◉ **案例描述**

在数学区核心价值"数的大小与多少比较"中，大班幼儿的目标是"比较不相邻的 2 个数或 3 个数的大小关系"。单一的数量比较对于大班幼儿来说缺乏吸引力，他们常常摆弄一会儿点卡就结束了相关游戏。T 园的活动室较为方正，通常在教室东面留有一块集体活动的区域。在开展区域活动时，这一块区域便空了出来。为了充分利用活动室空间、增加数学游戏的趣味性、发挥数学区的联动价值，教师根据大班幼儿的年龄特点设计了玩法多样的大型竞赛类数学游戏"狮子保龄球"。

数学游戏“狮子保龄球”

玩法一：将自制保龄球瓶摆放整齐，使用自制的保龄球从远处滚动击打，幼儿通过比较击倒的保龄球瓶数，分出胜负。

玩法二：幼儿将击倒的保龄球瓶上的“星星数”相累加，在操作单中记录保龄球瓶数、星星数，并摆放“>”“<”“=”，发现“数量关系”，分出胜负。

玩法三：在“玩法二”的基础上，胜利的一方获得相应的“差数点卡”作为奖励，游戏结束后，通过比较点卡的多少，分出胜负。

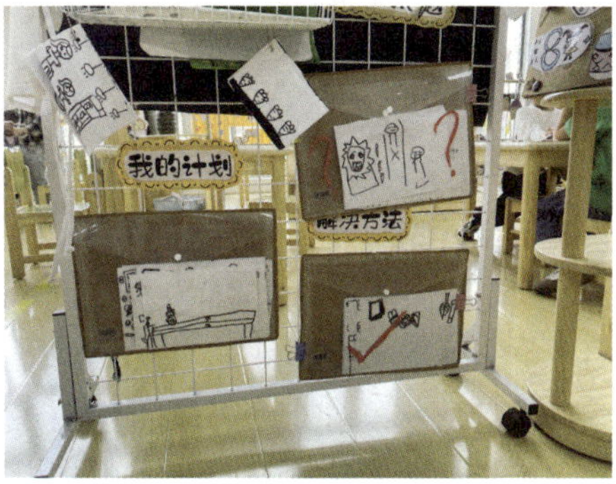

记录游戏足迹

除以上玩法外，教师通过观察幼儿的游戏行为以及倾听幼儿的游戏分享，鼓励幼儿在游戏过程中思考、创新玩法、在“问题墙”上记录游戏足迹。在“狮子保龄球”的游戏过程中，一开始宸宸对游戏的起点提出问题，便在“遇到的问题”中记录道：“小朋友游戏的起点不一样。”教师与幼儿在谈话环节中讨论此问题：“‘狮子保龄球’的起点该怎么确定?”小朋友们自由表达。点点说道：“如果起点在前面的话，就可以多击倒几个瓶子!”恩恩说道：“用很大的力气扔出球就能击倒瓶子。”最终，在与幼儿进行讨论后一致决定增加“起点绳”，绳上每 20 厘米有一个标识，幼儿可根据自己的能力选择起点，并且在游戏进程中不断挑战自我。

◉ 案例分析

“狮子保龄球”游戏将枯燥的数学知识融入趣味游戏，指向大班数学区的核心价值“数的大小与多少比较”，既符合大班幼儿喜欢竞赛的心理特点，又能充分利用活动室的地面空间。通过摆放、击打保龄球瓶的游戏，锻炼幼儿身体协调性、敏捷性以及手臂力量。

开放性的游戏存在多样化的玩法，为不同能力的幼儿提供了不同层次的基础玩法，并鼓励孩子探索新玩法。幼儿可以在“问题墙”上将游戏计划、游戏问题、游戏思考等内容用表征的形式展现，体现游戏足迹的同时便于后续幼儿与幼儿之间、教师与幼儿之间的互动。立体的“问题墙”也有效利用了立体空间，并将活动区与其他区域进行了隔断。

（苏州市吴江区坛丘幼儿园　仲予芳）

4. 丰富的游戏材料（小班）

◉ 案例描述

小E班教师在数学区投放了“小兔拔萝卜”的游戏材料和幼儿近期比较感兴趣的数字拼图。这一天，鑫鑫选择了“小兔拔萝卜”，不一会儿，妍妍也跑了过来，表示也要玩。妍妍拿着鑫鑫的操作材料就要进行操作，但是鑫鑫把手一推，拒绝和妍妍一起玩。老师告诉妍妍可以去柜子里再拿一份出来。于是妍妍和鑫鑫每人拿了一份材料开始操作。妍妍虽然语言能力发展比较迟缓，但是动手能力和思维能力都很强，不一会就完成了。妍妍看到鑫鑫还在操作，顺手拿起一张小贴纸，帮助鑫鑫贴了上去。但是，鑫鑫把那片贴纸重新撕了下来，又自己亲手贴了上去。

妍妍和鑫鑫玩“小兔拔萝卜”

两个人贴完后，又各自选了一份材料。鑫鑫这次选的是“叠叠乐”游戏材料，妍妍选的是数字拼图。数字拼图有好几种，妍妍把所有数字拼图都玩了一遍，接着又选择了“迷宫”“小乌鸦喝水”等操作材料，最后把数学区的游戏玩了一大半才心满意足地离开。鑫鑫则一直非常专注地玩“叠叠乐”，并在游戏结束后把材料放回了原处。

鑫鑫将材料放回原处

◉ 案例分析

丰富的材料既可以吸引小班幼儿进区游戏，同时也符合幼儿的年龄特点。小班幼儿以平行游戏为主，合作游戏在娃娃家、建构区中偶有出现。教师通过观察，发现在数学区中幼儿更喜欢自己一个人玩游戏，很少出现合作交流的情况。因此在准备材料时，对于同一类型的材料，教师应多准备几份，防止出现争抢行为。上述案例是游戏中比较常见的一种情况，幼儿首先会被新玩具吸引，对于新投放的材料，幼儿都比较感兴趣，在玩新玩具的过程中也更容易出现矛盾。在新材料的投放上，教师可以一次投放多种新材料，防止进区的幼儿因为只有一样新材料而将注意力都集中在其上面。教师在观察的过程中也要甄别幼儿的争论行为，面对有些有助于幼儿发展的争论行为，教师不妨等一等，观望一下，看看幼儿会如何解决；而面对有些存在安全隐患的争论行为则需要及时干预与引导，同时反思是否存在环境创设不当等问题。

（苏州市吴江区坛丘幼儿园　唐钰芳）

5. 找规律（中班）

为了更好地开发自然资源，让幼儿更好地感知数概念。中F班在数学区内投放了各种各样的豆子、树叶等低结构材料。班里开展数学活动“找规律”时，区域游戏一开始凯凯就到数学区的柜子里拿出了豆子材料筐。他先从里面找出了两种豆子，随后找来了排队记录纸，开始了他的排队游戏；一旁的依依看到了就问：“你在排队吗?”凯凯点了点头，继续给豆子排队；依依观察了一会儿，发现了其中的奥秘，就说：“原来你是在有规律地排队呀!”凯凯答应道：“对呀，你发现了我是按规律给豆子排队的吗?”依依说：“一颗红芸豆一颗黑豆。”两人随后又开始了新的数豆子游戏。数了一会儿，依依发现豆子的大小都不同，凯凯就提议：“我们来比一比豆子的轻重吧!”依依嘀咕着：“那用什么来比呢?”两人思考了许久，凯凯想到平时玩过的天平秤，便从柜子里把它拿了出来：“我们用这个来比吧!”两人达成共识，开始了称豆子的游戏；依依拿出了白芸豆，凯凯拿出了黑豆，在天平秤上你放一颗我放一颗。“诶!不对!我这边没有翘起来，不平衡，你那边不能放了!”凯凯说着又从盒子里拿了两颗豆子放了上去，“快看！一样了!”两人开心地对视了一眼，又开始了新的称重。

幼儿在玩排队游戏及称重游戏

◉ **案例分析**

材料应具有开放性，有多种组合的可能。中班幼儿的思维以具体形象思维为主，其学习以操作为主，因此将开放性的操作材料投放到数学区，让幼儿用自己的方式操作，不断地与不同材料互动，获得不同的经验。在本案例中，教师充分利用豆子、树叶、纽扣、瓶盖等资源供幼儿进行探索性游戏；幼儿能够结合有关找规律的已有经验来引发按规律排列豆子、数豆子与给豆子称重并记录等游戏行为，结合自身能力水平对豆子进行创造性操作，从而获得不同的数学体验，理解数概念。

（苏州市吴江区坛丘幼儿园　钱益萍）

6. 材料操作与“数”“形”“序”

◉ 案例描述

皮亚杰的儿童发展理论说明，幼儿学习数学是通过对事物的反复操作，从中抽象出事物的“数”“形”“序”等结构关系。数学区活动是一种充分利用环境和材料，让幼儿以个别或小组的方式自主选择材料、主动探索操作，通过感知、累积和表述经验，获取数学知识并促进自身发展的重要学习形式。因此，创设良好的数学区环境和投放适宜的材料，对幼儿的数学学习起到很大作用。

首先，考虑到幼儿的年龄特点，教师可以用常见的材料自制一些简单、适宜的操作材料。例如，趣味扑克。小小的一块板，分成了五个板块（同花色、从大到小、从小到大、数的分成、相邻数）。每张扑克牌后面都贴了魔术贴，幼儿可以自由粘贴，符合数学材料的可操作性。五个板块，层层递进，适合不同发展阶段的孩子，符合材料投放的层次性。

趣味扑克

其次，幼儿活泼好动，自控力弱，注意力集中时间较短，容易被自己感兴趣的东西所吸引。为此教师就可以根据幼儿的年龄特点和喜好设计具有趣味性的数学区域游戏。比如在“小动物吃食物”游戏中，幼儿可根据卡片的形状、数字和点数进行投喂，在巩固数量对应、形状匹配方面的知识的同时体验到数学游戏的趣味性。

数学游戏“小动物吃食物”

最后，制作数学区标识也是环境创设的重点之一。标识不仅能方便幼儿收拾整理，还能将数学知识融入其中。比如，将扑克牌剪成两半或者利用数字与图形的对应关系分别贴在材料柜和材料盒上，帮助幼儿在收纳的同时用自然发展的方式来建构数学的学习。

将标识贴在材料柜和材料盒上

◉ **案例分析**

幼儿园区域活动的环境创设和材料投放对区域活动的质量和幼儿的学习效率有着重要的影响。幼儿的数学学习主要是通过直接感知、实际操作、亲身体验的方式进行的，所以幼儿的数学区域活动环境创设要以能够充分调动幼儿的感官、加强幼儿在活动中的体验感为目标。

（苏州市吴江区坛丘幼儿园　陈梦怡）

第四章 循规蹈矩　因势利导

——数学区规则与标识创设

本章简介

本章结合多个案例论述了数学区规则与标识的意义、类型、创设原则及各年龄段幼儿数学区规则与标识创设的策略。数学区的规则与标识能够提供给幼儿一个有秩序的环境，引导幼儿形成正确的秩序认知，是帮助幼儿建立正向秩序感的一种守则，有利于幼儿良好行为习惯的养成。另外，本章给出了多个实际案例，并加以评析，来阐述规则制订和标识设置的具体应用。数学区规则主要有“公约规则”“玩法规则”两种，数学区标识主要有“收纳标识”“难度标识”“分区类别标识”三种。

思维导图

- 数学区规则与标识创设
  - 数学区规则与标识概述
    - 数学区规则与标识的意义
    - 数学区规则与标识的类型
    - 数学区规则与标识创设的原则
  - 各年龄段幼儿数学区规则与标识创设的策略
    - 小班数学区规则与标识创设的策略
    - 中班数学区规则与标识创设的策略
    - 大班数学区规则与标识创设的策略
  - 数学区规则与标识创设案例
    - 数学区规则创设案例
    - 数学区标识创设案例

在数学区，为了让幼儿建立良好的活动常规，教师会通过标识来明确区域规则。本章从数学区经验出发，将数学领域的知识经验融入规则与标识，让幼儿在解决问题的过程中有效获得数理逻辑经验，建立思维模式。本章除介绍数学区规则与标识的作用和创设要领外，还系统展示了在不同年龄段班级的操作要领。

第一节　数学区规则与标识概述

一、数学区规则与标识的意义

标识隐含着规则。数学区的规则与标识为幼儿的自主学习提供了有力的抓手，给予了幼儿自主解决问题的环境，能有效帮助幼儿理解规则的意义、学会合作与公平的竞争，培养幼儿的规则意识及良好的收纳习惯等。

数学区的规则与标识能够给幼儿提供一个有秩序的环境，引导幼儿形成正确的秩序认知，是帮助幼儿建立正向秩序感的一种守则，有利于幼儿良好行为习惯的养成。幼儿通过自我约束、同伴提醒等方式，共同维护班级的秩序，这是他们参与自我管理和遵守承诺的开始。数学区因其游戏的特殊性，更注重规则意识的培养，因此数学区规则的制订与标识的创设显得尤其重要。

（一）数学区规则的意义

数学区规则是幼儿在数学区进行游戏时所共同遵循的法则，一般是由幼儿共同制订、公认或由教师带领幼儿一起制订的。清晰的数学区规则能够帮助幼儿了解数学区的专属特点、进区人数、游戏玩法等信息，对每个幼儿均具有相同的约束力，这就有利于幼儿自制力和毅力的发展，对于幼儿规则意识的培养有着极大的意义。此外，某些玩法规则还能通过简易图示帮助幼儿理解抽象的数学知识，为幼儿的数学学习创造了学习途径。

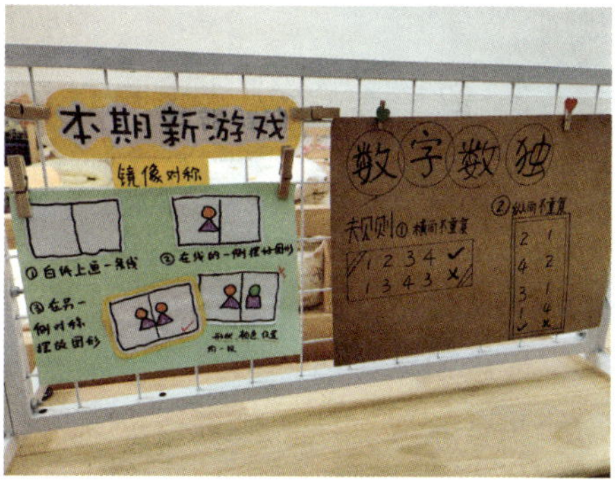

玩法规则

（二）数学区标识的意义

区域标识的直观性较强，符合幼儿的认知特点，能够使幼儿快速明白标识的含义。教师在数学区的材料上、储物柜上、玩法说明上等位置设置特定的标识，可以通过暗示的方式引领、提示幼儿的行为，给幼儿提供游戏情节的发展线索，协助幼儿处理游戏中的突发事件，帮助幼儿形成数学区游戏的秩序感，让他们学会整理收纳，尝试深度探究，为数学区游戏的有序开展提供保障，为更高效地参与数学区游戏奠定基础。

二、数学区规则与标识的类型

（一）数学区规则的类型

数学区规则的类型不固定，可根据不同内容分为两大类——“大”规则和“小”规则。

1. 数学区“大”规则——公约规则

公约规则

公约规则一般是指大家都必须遵守的规则。公约规则宜设置在适合幼儿视线高度的显眼位置，公约规则应对进区人数、幼儿的能力水平、游戏材料的实际投放情况等方面进行综合考量。教师要立足儿童立场，与幼儿一起讨论、观察后，结合幼儿的能力特点，来制订专属本班级的数学区公约规则，而且要在全班都了解公约规则的前提下来执行。当然，公约规则不是一成不变的，教师和幼儿要根据情况动态地调整数学区公约规则。

2. 数学区“小”规则——玩法规则

玩法规则是针对某些游戏制订的具体规则。玩法规则能够通过照片或图示帮助幼儿准确获取信息，掌握玩法要领。当数学区投放新的游戏材料时，教师同步提供相应玩法规则，这样能够帮助幼儿有效地对该材料进行探究，是教师鹰架幼儿数学区学习的有效策略。比如，某大班教师在数学区投放了各类种子，但游戏中常常出现无人问津的现象。于是教师组织幼儿就数学游戏“种子我会玩”进行了讨论。经过集思广益，很快便形成了“按规

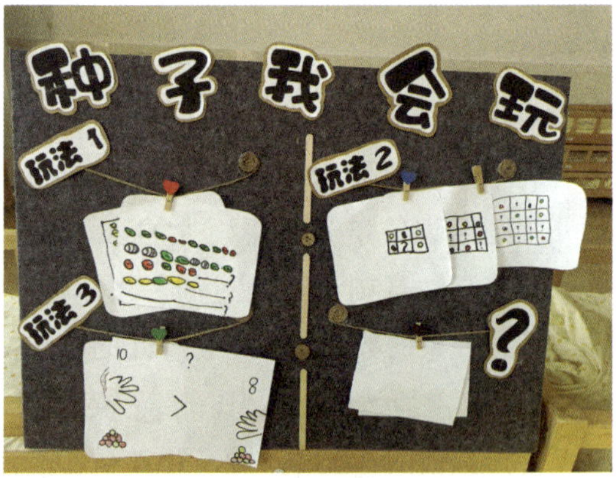

数学游戏“种子我会玩”

律排列种子”“种子数独”“比比谁抓得多”等不同的玩法设想。在教师的引导下，幼儿将这些设想通过符号表征的形式演变成玩法规则，找到游戏支架，习得游戏方法，进而提高学习效率。与此同时，通过玩法规则的启发，幼儿能够举一反三，打开了高效利用低结构材料的思路，进而设想出更具开放性的数学小游戏。

（二）数学区标识的类型

数学区标识主要可分为收纳标识、难度标识和分区类别标识，其中，收纳标识最为常用。结合数学区的区域特征，可以将收纳标识融入数学核心经验，巩固幼儿的数学知识。

1. 收纳标识

幼儿在数学学习上的渐进过程是复杂而漫长的，因此教师可根据不同年龄段幼儿的教育目标、课程的推进情况，在数学区收纳标识中巧妙渗透分类、排序、配对、规律、对称、数序、时钟、分合、方位等数学核心经验，引导幼儿在收纳的过程中回忆、巩固数学知识，获取深刻的学习体验，感受数学的实用和有趣。小班收纳标识应以有趣、形象、一目了然为主，重点培养孩子良好的收纳习惯。如小班采用形状配对，颜色配对，简单的数物、图片对应等方式；中班可渗透难度较高的排列、规律、对称等知识；而大班则可渗透时钟、分合、单双数等知识。

2. 难度标识

同一个班级内幼儿的发展层次是不同的。我们不能让只能玩九宫格数独的幼儿玩二十五宫格的数独，也不能让能够玩十六宫格数独的幼儿一直玩十六宫格的数独。幼儿的能力差异决定了教师在投放数学区材料时必须考虑难度的层次性，让不同发展水平的幼儿都能在数学区中找到适合自己能力的、满足发展需求的游戏材料。为了使游戏更有序，教师可使用台风的警报颜色、小星星的数量以及积木的层高等标识来表示游戏的难度，供不同能力的幼儿根据自己的实际需求找到适合自己的游戏内容，使幼儿在收获有益经验的同时获得成就感。

3. 分区类别标识

在数学中，将具有某种相同属性的事物的全体称为集合，而将事物按照特定的标准去加以区分称为分类。分类是学前儿童认知发展过程中的重要能力之一。数学区游戏材料品种多样，因此在数学区材料投放过程中，我们可以将集合与分类的概念渗透进分区类别标识。例如，在数学区中，教师既会投放购买来的数学玩具，又会投放教师自制的数学玩具，还会投放各种各样生活化的低结构材料等。为方便幼儿分类整理，我们可以充分发挥环境的育人作用，将数学区分为多个小类别的分区，引导幼儿一起讨论并制作分区类别标识。

三、数学区规则与标识创设的原则

（一）幼儿本位原则

幼儿教育的立场说到底就是幼儿立场。因此教师在创设数学区规则与标识时要秉持幼儿本位原则，把幼儿当作主体，一切从幼儿出发，把班级的管理权归还给幼儿，给予幼儿真正自由、自主的发展空间，激发幼儿内心的自主管理意识，给予幼儿参与规则制订、标识设计的机会。教师切不可主观地将自己想要幼儿遵守的规则作为数学区规则，而应通过讨论、规则征集等方式，找到真正有利于本班幼儿、本班幼儿最认可的规则作为近阶段的数学区规则。同时，根据幼儿的能力水平与兴趣需求来制订全班幼儿都看得懂的、认可的规则与标识，这样才能更有利于规则的有效落实。

（二）动态调整原则

值得注意的是，规则与标识都不是一成不变的，随着游戏的不断发展，倘若教师对于新出现的问题视若无睹，则幼儿难以得到进一步发展。因此，教师要对规则和标识进行动态调整，逐步完善。比如，教师可利用“数学区游戏记录表”的形式，通过观察、统计幼儿在数学区的“游戏打卡情况”，分析幼儿对游戏材料的兴趣度，及时调整游戏的内容。又如，在幼儿学习整点、半点的知识一段时间后，教师也可以将收纳标识调整为钟面与时间的配对，帮助幼儿在收纳整理的过程中巩固学过的知识。

（三）适度适宜原则

当然，虽然教师可以根据出现的新问题与幼儿的知识习得情况进行动态调整，但仍旧要秉持适度适宜原则，如制订的规则与标识不能影响幼儿的正常收纳。在制订收纳标识的过程中，首先必须明确，虽然将相关知识渗透进收纳标识对于幼儿的发展是有益的，但是这些标识最重要的作用还是便于全班幼儿收纳。如果教师在其中渗透的相关知识难度过高，势必会给一部分发展缓慢的幼儿带来很大的困扰，这样不仅会使他们产生挫折感，还不利于收纳的效率。

第二节 各年龄段幼儿数学区规则与标识创设的策略

游戏规则是幼儿在数学区中进行游戏时需要共同遵守的行为准则。数学区的操作材料较多，如果任由幼儿随意放置，就会显得非常杂乱，所以需要制订一系列规则与标识来帮助他们更加有序地进行数学游戏。

一、小班数学区规则与标识创设的策略

（一）巧用照片，让游戏规则直观呈现

小班幼儿的思维以具体形象思维为主，且尚不具备自主制订规则的能力。教师要在允许幼儿充分发表建议的基础上，结合小班幼儿的能力水平及自身对幼儿数学区游戏的观察，通过照片的形式直观呈现相应的规则或游戏玩法的步骤图，通过“情景再现”式的照片帮助小班幼儿进一步理解相关游戏规则与要求。比如，在创设“包糖果”游戏环境时，教师将表示“红色糖纸包 3 颗，绿色糖纸包 5 颗”的游戏要求卡片与包好的糖果拍成照片，做成游戏要求卡，同时投放同类型的要求卡，如“黄色长方形纸包 2 颗，黄色正方形纸包 1 颗”“紫色点点糖纸包 4 颗，蓝色条纹糖纸包 3 颗”等，使幼儿在观察游戏规则图示的过程中举一反三，习得游戏方法。

（二）简易对应，让游戏标识助力整理

小班时期是幼儿形成规则意识的关键阶段，而“对应”是数概念中最基础的概念。对于这一时期的幼儿，教师需要通过简易标识的暗示来帮助幼儿学习收纳整理。如将该游戏材料的照片分别贴在材料盒与材料筐上，让幼儿一目了然地知道各个材料盒和材料筐里装了什么材料，这种简单的标识适合小班上学期的幼儿。随着入园月龄的增加，可以在标识中渗透相关简易的数学知识，帮助小班幼儿在“给材料盒找朋友”的过程中顺利完成材料整理。又如将贴有三角形的材料盒放在贴有三角形的材料柜上，将 3 只小恐龙的材料盒放在贴有数字“3”的材料柜上，等等。这些简单易懂的小标识既能帮助幼儿巩固数学知识，又能帮助小班幼儿形成基本的规则意识。

小班幼儿收纳标识

二、中班数学区规则与标识创设的策略

（一）逐步放手，让幼儿尝试表征

中班幼儿的思维能力有了一定发展，此时，教师可以逐步放手，请幼儿参与规

则讨论。规则的呈现形式最好以幼儿能看懂的图片为主，可以让幼儿根据讨论出来的规则尝试绘画表征。如在制订自制飞行棋游戏规则的过程中，教师可以让幼儿尝试将各个步骤的图示画下来，将口头讨论的结果化成可视化的玩法，为幼儿后期的自主学习提供支架。

（二）增加难度，让收纳成为游戏

中班幼儿已具备一定的数学经验，因此教师在设计收纳标识时可在小班的基础上适当增加难度。比如，贴有“红红绿黄　红红绿（ ）”圆点的材料盒，则应该放在贴有黄色圆点的玩具柜上，幼儿在数学游戏中自然而然完成了数学区的整理工作。

中班幼儿收纳标识

三、大班数学区规则与标识创设的策略

（一）丰富形式，鼓励幼儿动态创设

大班幼儿的表达能力、合作能力及解决问题的能力均达到了一定的水平。因此，数学区的游戏公约及各游戏的玩法步骤等完全可以由幼儿自由商讨、自主绘制。比如，本班的数学区可以进多少人？在数学区游戏时有哪些要求？当遇到问题时该如何解决？等等。每当教师投放一种新材料时都可以引导幼儿探讨并完成相关规则的创设，并鼓励幼儿根据游戏情况进行规则制订或优化。

（二）依托标识，滚动式巩固数学经验

大班幼儿游戏经验丰富，往往能够引发多种多样的数学区探究内容。教师要细心观察，将近期班内幼儿基本掌握的、热情逐渐减退的新知识转化成收纳标识，滚

动式地帮助幼儿巩固相关经验。比如，幼儿对时钟知识掌握得不够扎实，教师便可通过制作时钟钟面与时间相对应的收纳标识来帮助幼儿在取放游戏材料时巩固这一数学经验。

第三节 数学区规则与标识创设案例

一、数学区规则创设案例

1. “机器人”数学区公约（大班）

◉ 案例描述

一份小小的“数学区公约”能够给幼儿提供一个有秩序的环境，引导幼儿形成正确的秩序认知，并帮助幼儿建立正向秩序感。

这一天，大 E 班教师结合近期游戏中出现的问题组织幼儿展开讨论，希望能通过与幼儿共同商量，制订出一套可实行的数学区游戏规则，以解决游戏中的问题。在幼儿的讨论声中，数学区公约慢慢浮现出来，教师将大家的提议一一记录了下来。那么如何让公约发挥效应，助推幼儿游戏规则、秩序感的发展呢？豆豆提议可以将规则画下来，至于以什么样的形式呈现，大家发表了不同的看法。兰兰表示喜欢米老鼠，小鑫则喜欢公主，紧接着明明提议道：“数学区是要动脑筋的，我们要不要画个机器人？机器人那么聪明，我也想成为机器人。”经过投票，大家最终选择机器人作为形象装饰。

很快“公约牌”应运而生，用幼儿喜爱的方式，将规则可视化，把公约与规则、秩序联结起来。大 E 班数学区公约规则整体以卡通机器人作为形象装饰，机器人机智、思维敏捷的特性也符合数学区的整体基调，同时其可爱的形象符合幼儿年龄段特征，能够为幼儿营造轻松愉悦的氛围。规则的图示则由幼儿自主讨论后进行绘制，通过幼儿集体讨论，确定可以有 8 人进区，用数字 8 和小朋友形象的贴纸表示，即“公约 1”。在数学区中需要积极动手动脑，用尺、笔作为标识，即“公约 2”。在数学区中勤思考、勤记录，记录问题与方法，用手持笔动脑筋的小朋友表示，即“公约 3”。最后强调游戏结束后要收拾整理材料，物归原处，用小朋友放置物品表示，即“公约 4”。

大 E 班数学区公约

班级公约可以以多种形式呈现，可以加上卡通形象增加环境中的童趣，同时公约牌的呈现方式也可以多样化，可贴、可挂、可立，与区域相得益彰，为整体班级环境创设增色。

◉ **案例分析**

班级公约有利于幼儿良好行为习惯的养成，幼儿在自我约束、同伴提醒等方式下，共同维护着班级的秩序，这是幼儿参与自我管理和遵守承诺的开始。数学区因其游戏的特殊性，对于规则意识的培养更加注重，因此数学区的班级公约的制订与投放显得尤为重要。对于如何制订并执行好班级公约，我们应该加强幼儿的主人翁意识，把班级的管理权归还幼儿，给予幼儿真正自由、自主的发展空间，激发幼儿内心的自主管理意识，把教师的要求逐步转化为幼儿自我需求。案例中的规则图文结合、清晰明确，有助于幼儿阅读和认知。同时因为规则的制订是幼儿全程参与的，因此更能激发他们自觉遵守游戏规则、维护游戏秩序的兴趣，把规则意识根植在每个幼儿心中，让幼儿实现自我的管理与成长。

（苏州市吴江区坛丘幼儿园　李鸣喆）

2. “智趣乐园”标识和公约（大班）

◉ **案例描述**

大 A 班在设计数学区标识时充分征求幼儿的意见并让幼儿参与设计创作。该班教师认为，幼儿园区域游戏的标识不是让人忽视的摆设，而是促进幼儿发展的有利因素。游戏规则应该取之于幼儿、用之于幼儿，只有让幼儿完整地参与规则的讨论、设计、实施等过程，才能让幼儿真正了解规则的意义，从而更好地遵守规则。

这一天，教师组织幼儿一起讨论数学区的名字，幼儿展开了激烈的讨论，提出了很多具有创意的名字。大家觉得数学很有趣，还非常考验幼儿的智慧。经过讨论，教师和幼儿一致决定为数学区取名为“智趣乐园”。

大A班数学区标识与公约

“名字取好了，我们再来讨论一下在数学区游戏时应该注意些什么？”教师提问道。甜甜说：“拿到一份游戏材料后要动脑筋想想怎么玩。”航航说：“游戏的时候如果游戏材料掉地上了要马上捡起来放回原位。”“对对对！而且玩好一个游戏后，要把材料及时放回原位，不能全都堆在桌子上。”一旁的小哲补充道。大家你一言我一语地讨论，很快，数学区公约就初步形成了。“既然这是我们大家的约定，如何让这些约定时时刻刻提醒在数学区游戏的小朋友呢？”贝贝说：“我们可以把公约画下来贴在数学区，就像阅读区的规则一样。”很快，几个小朋友就自告奋勇地承担起了数学区公约设计师的工作。

◉ **案例分析**

由幼儿一起参与制订的规则便于幼儿理解和接纳，创设“标识性环境”利于幼儿养成集体意识，遵守集体规则，使幼儿养成良好的学习、生活习惯。教师应关注幼儿的建议，与幼儿共同商议规则，让幼儿成为规则制订的参与者、商讨者，以此来培养幼儿的秩序性、规则性。在与幼儿共同制订规则的过程中，其实已经包含制作的过程，即幼儿作画、教师配文，幼儿的动手能力和文字理解能力都得到了提升，良好的生活习性也在不知不觉中养成了。

（苏州市吴江区坛丘幼儿园　钱丹）

3. 豆子的玩法（大班）

◉ **案例描述**

自从大C班开设了数学区，教师便投放了很多游戏材料。但教师发现数学区虽然材料的数量不少，但大多数玩法固定、形式单一，对于幼儿来说是重复无效的经验，无法实现幼儿经验的递进和能力的提升，幼儿常常摆弄几次就失去了操作的兴趣。于是，教师改变了材料的投放策略，发动幼儿一起搜集了树枝、豆子、毛线、干果等低结构材料，让数学区材料变得更为丰富、有趣。经过一段时间的观察，教师发现幼儿面对这些低结构材料显得有些茫然，经常放在手中观察摆弄却找不到合适的玩法。为了解决这一问题，教师决定在游戏分享环节重点围绕一种材料与幼儿讨论一下这种材料的玩法。

分享环节到了，老师有意识地请在数学区玩豆子的林林说说自己刚才是怎么玩的。林林想了一会儿说：“我给豆子排队了。”“给豆子排队的时候有没有数一数用了几颗豆子？”“没有。”“还用豆子玩了其他游戏吗？”教师追问。“就玩了给豆子排队。”林林轻声回答。“其他小朋友平时是怎么用豆子玩游戏的啊？”丁丁举手说：“我上次和兰兰玩了‘比多少’的游戏，每人用小勺舀一勺豆子，把豆子放在桌上数一数，比比谁舀的豆子多。”乐乐补充道：“我们班级有不同的豆子，它们的颜色、大小都不一样，所以我们可以玩给豆子分类的游戏。”“我在家里的时候和姐姐一起用豆子拼过数字，我拼了‘3’‘5’，姐姐说我拼的都是反的，嘻嘻嘻！”妍妍说完，大家都笑了。接着，教师出示了一叠小纸片，说：“小朋友们想到了这么多有趣的豆子玩法，让我们把这些玩法记录下来，放在数学区，如果你在以后的日子又发现了其他新玩法，也请你及时记录下来，看看一段时间后这里有多少关于豆子的创意玩法，好吗？”

一段时间过去了，数学区关于豆子的玩法越来越多，除了“豆子棋”“豆子找朋友”“豆子排列”“豆子分合”等玩法以外，其他材料也有了更多玩法，如“毛线轨道”等，数学区越来越热闹了。

大C班记录豆子的创意玩法

◉ **案例分析**

当发现幼儿在游戏中长时间对某一种材料呈现出“不会玩”“不爱玩”等状态时，教师要进行一定的干预。在本案例中，教师遵循儿童本位原则，在游戏分享环节引发幼儿针对问题“豆子怎么玩”进行了讨论。当幼儿的个人经验碰撞在一起时，就形成了全班的经验，这就是游戏分享的意义。当然，根据以往的经验，教师也会发现幼儿往往在分享环节时交流热烈，但是交流结束后并不会将新经验带到下一次游戏中，因此教师采用请幼儿记录玩法的方式，记录分享时提到的玩法，还鼓励幼儿在游戏过程中只要发现新玩法就可以记录下来，帮助幼儿将闪现的创意以标识的形式永久地保存下来，使其发挥“隐形教师”的作用，成为幼儿进行数学学习的有益支架。同时，案例中，妍妍小朋友提到自己用豆子拼成的数字都是反的，这是这个年龄段幼儿普遍出现的一种现象，教师也要捕捉到这一信息，在后续的游戏中给予幼儿有力的支持，真正发挥让幼儿“学中玩、玩中学”的作用。

（苏州市吴江区坛丘幼儿园　李鸣喆）

4. 塞红包（大班）

◉ 案例描述

很多时候，教师在投放新材料后都会组织幼儿一起讨论材料的玩法，但有时候，教师将想要告诉幼儿的话语通过规则表达出来，可能会收获更多精彩的“哇时刻”。大 D 班的老师准备在数学区投放“塞红包”游戏的材料，但是倘若直接将材料毫无提示地投放进去势必会被幼儿冷落。于是教师在材料旁准备了一块玩法提示牌，上面贴有一个带有数字“8”的红包和表示将一张“5 元”、一张“2 元”、一张“1 元”相加并且放入红包的玩法示意图，静静等待第一个开启这个游戏的幼儿。很快，皓皓和梦梦发现了这份新材料。只见他们仔细打量着提示牌，不时地看看旁边代表不同面值的小卡片，然后分别拿起了一张“5 元”、一张“2 元”、一张“1 元”塞进这个红包。皓皓指着指示牌上的红包对梦梦说：“看！这里还要贴数字的，5+2+1=8。”梦梦恍然大悟，然后在红包上写上了“8”。接着，她转动着机灵的大眼睛说：“皓皓，我想到了一个我们俩一起玩的好办法！”说着她又在另一个红包上写上“6”，让皓皓塞红包。只见皓皓取了一张“2 元”、一张“4 元”放了进去。梦梦连忙又选了一张“5 元”、一张“1 元”，说：“这样也能合成 6 元。”皓皓抓抓脑袋，想了一会儿说：“我知道了！放三张‘2 元’也是 6 元！塞 6 张‘1 元’也是 6 元！”两个好朋友乐此不疲地玩了起来。

数学游戏“塞红包”

◉ **案例分析**

过年时，幼儿总会收到许多红包，“塞红包”游戏符合幼儿的生活经验。在初次投放该游戏材料时，教师以简单的图示和符号展现了游戏规则，幼儿能够观看图示进行游戏，使得游戏的针对性更强了。游戏中，皓皓和梦梦还提出了两人一起玩的想法，将原本教师预设的计算目标升级成“同一数值红包的不同塞法”，真是意想不到的惊喜。后期，教师也可以通过增加辅助材料、组织幼儿讨论等方式，与幼儿一起生发“给娃娃包红包”“听口令塞红包”等更多有趣、有益的游戏规则，进而满足不同能力幼儿的发展需求。

（苏州市吴江区坛丘幼儿园　钱益萍）

二、数学区标识创设案例

1. 时钟标识（大班）

◉ **案例描述**

班级原先的收纳标识来源于集体活动“我家的房号”，将玩具柜模拟小区单元，以层数和户数编码“201、202；301、302”作为收纳标识，经过一段时间的活动，孩子对相关知识得到了有效巩固。

进入大班下学期，“我要上小学了”主题活动开展中，在关于时钟的集体活动后，教师在数学区投放了时钟玩具以及记录单，邀请孩子在区域中玩“时钟游戏”。经过观察，教师发现在投放初期孩子们对时钟游戏兴趣较大，大多数小朋友都愿意尝试这个游戏，但几天后热情逐渐减退，很多小朋友进区摆弄几下时钟后便放回去了。此外，教师还观察到孩子们对时钟的相关知识掌握不够扎实，存在误区：

今天，小怡来到数学区，选择了时钟玩具，她先将时针指到 11，分针指到 12，笑眯眯地说道：“11 点了，我们该吃饭了！”然后，她调整了时间，对边上的小言

收纳柜及时钟标识

说："小言，我考考你吧！这是几点？"小言笑眯眯地说道："六点啊！"小怡又调整了一个时间，说道："这是几点？"小言说："四点半！"小怡嘴里嘟囔着："我还是去考考别的小朋友吧！"说罢，小怡来到建构区，找到恩恩说道："恩恩，我考考你吧！现在几点啦？"恩恩说道："三点，这个时钟我昨天刚玩过。""答对了！"小怡笑眯眯地巡视着活动室，飞快地跑到馨馨身边，问："你知道这是几点吗？"馨馨说道："好像是六点半，但是我发现了一个问题，你的时针和分针合在一起了，真正的六点半，时针是在6和7中间的！"小怡吐了吐舌头说道："馨馨你真厉害，看来这个游戏难不倒大家！"说着，小怡就收好时钟游戏，放到了收纳柜的"201"中，更换了别的操作材料。

教师根据幼儿对时钟知识的掌握，借鉴"我家的房号"中的成功经验，对收纳标识进行动态更替：将时钟计时与电子计时相结合，创设"时钟收纳标识"，邀请幼儿自制"时钟"和"电子钟"标识，参与环境创设，以此提升幼儿的主人翁意识与收纳兴趣。教师在幼儿制作标识以及收纳的过程中，重点观察、引导孩子发现"半点"时针的位置，科学地认知"半点"。

◉ **案例分析**

教师通过持续观察发现幼儿区域活动中存在的问题，并通过巧妙设置有效发挥出标识的作用。对于班级收纳标识的选择，需要教师明确标识的来源应基于对本班幼儿的观察，标识调整的目的则是巩固幼儿相关数学经验。切忌过度追求标识的数学知识渗透，造成标识难度过大等问题。标识的更替要以班级大多数幼儿的水平为依据，进行层次性的更替。

（苏州市吴江区坛丘幼儿园　仲予芳）

2. 小医院

◉ **案例描述**

今天，甜甜和安安选择了"小医院"的游戏，甜甜是小医生，安安是看病的病人。甜甜用听诊器给安安听了一下，对安安说："张开嘴巴，啊……"甜甜说道："你的喉咙里有点红，发炎了，我给你配点药吧。"甜甜在柜子里翻找了一会，摇了摇药盒，发现都是空的，就对安安说："你等我一下。"说着跑到资源库拿了一杯豆子，又拿了一张牛皮纸，抓了一小把豆子放在纸上，一边左右折叠包装，一边说："里面一共有6颗药，3颗红色的是退烧药，只有发烧了才可以吃，还有3颗绿色的是消炎药，你一定要认真吃药噢！"

看到甜甜在小医院用豆子进行抓药的新玩法，教师提醒道："甜甜小医生，咱们医院有药方吗？病人一共需要多少药，你可以写一写吗？"甜甜拿起了一张单子，写道“3 红，3 绿”。又来了一个小病人，这次，甜甜医生先开了药方“2 红，4 绿”，从杯子中选了 2 颗红豆、4 颗绿豆，说道：“你也是六味药哦！”看到甜甜在抓药，一旁的小朋友也都围了过来：“我要 10 颗消炎药！”“我要 8 颗咳嗽药，红的绿的我都要！”一时间，甜甜小医生忙不过来了，说道：“哎呀，我记不住，我记不住！你们排好队！”

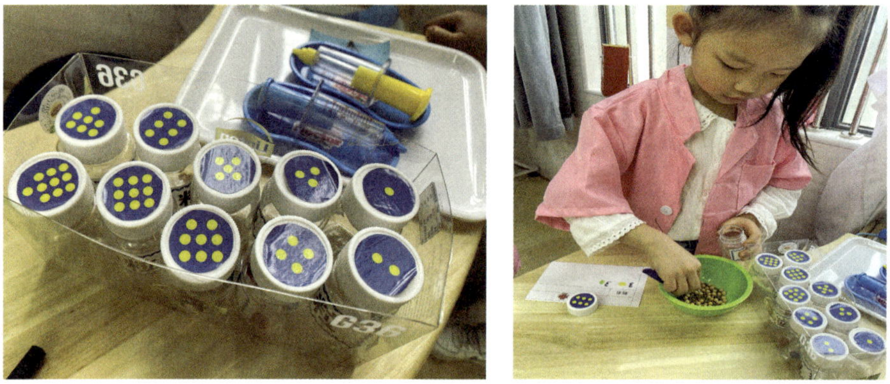

甜甜小医生在医院开药

观察到幼儿对小医院中的“开药”非常感兴趣，教师决定在班级中增设“小药房”角色游戏，与数量分合、称重、集合、分类等数学核心经验相结合。教师将游戏视频播放给孩子们看，一起回顾生活经验，明确“小药房”的游戏规则，包括角色人员、游戏玩法等。医生负责看病、开药方，而药房中的药师负责根据药方抓药，教师提供空白塑封好的“药方”，供扮演医生的幼儿反复记录。游戏中蕴含了种类与数量的匹配。也可以根据本班幼儿的兴趣和能力有层次地提供天平、中药秤等称重工具，并利用资源库的低结构材料玩“配中药”的游戏。

◉ **案例分析**

通过本案例可以看出，想要创设孩子感兴趣的数学游戏，游戏的内容应来源于对幼儿的观察，应该是符合幼儿的兴趣与发展需求的。而对于新游戏的规则建立，应来源于幼儿，服务幼儿，充分尊重幼儿的想法，与幼儿一同商量，整合幼儿的经验与普遍的能力水平。游戏开始后，教师应通过不断地观察，提供科学、适宜的支持策略，助力幼儿提高游戏水平与获得核心经验。

（苏州市吴江区坛丘幼儿园　仲予芳）

3. 分级的游戏玩具（小班）

◉ 案例描述

最近，小A班教师在数学区新投放了迷宫、影子配对等自制玩具。为了让游戏能适合不同能力水平的幼儿，教师特意准备了不同难易程度的自制玩具。教师结合不同玩具的相应难度在这些自制玩具上贴上了数量不同的“小苹果”贴纸。一个“小苹果”代表最简单，属于一星难度，两个“小苹果”代表二星难度，三个“小苹果”代表三星难度。这样，幼儿在游戏时就能根据自身的能力水平找到相应的游戏玩具了。

这一天，小宇在数学区准备玩迷宫游戏。游戏伊始，他选择了一星难度，很快就完成了操作。接着，他看了看一旁二星难度的玩具，自言自语道：“这个也不难嘛。”说着，他用手指点着试了试，发现走得通，便拿起笔操作了起来。当走到“终点”的时候，小宇高兴地对好朋友欢欢说：“看！我挑战了两个小苹果的迷宫，成功啦！”于是，他又立马拿起一张三星难度的迷宫准备继续挑战，但观察了好一会儿都没有下笔。只见他托着下巴小声嘀咕道：“这个好难，我不会。”一旁的欢欢凑过来看了看，说：“我会，我玩给你看。”说罢欢欢拿起笔为小宇演示了一遍。只见小宇用手指沿着欢欢画的线条放慢速度连了一遍，然后笑眯眯地对老师说：“老师，我也会啦！”

小宇在玩迷宫游戏

◉ 案例分析

幼儿的能力存在差异，不论是能力强的幼儿操作过于简单的材料，还是能力弱的幼儿操作过于难的材料，都不利于幼儿发展。这个时候，为游戏材料进行难度分级就显得尤为重要。案例中的小宇从一星难度挑战到了三星难度，前两次对于他来说都毫无难度，虽然刚接触三星难度时他遇到了困难，但在好朋友欢欢的帮助下他最终也完成了三星难度的挑战，说明三星难度是他的“最近发展区”。但对于欢欢来说，教师目前投放的迷宫游戏材料均不具有挑战性。通过本次观察，教师需投放难度更高的迷宫游戏材料，以满足像欢欢这样能力水平较高的幼儿的发展需求。

当然，除了迷宫游戏以外，教师也需要观察幼儿与其他游戏材料的互动情况，及时调整游戏材料的投放情况。同时，对于经常选择与自己能力不相当的游戏材料的幼儿，教师要在充分观察的基础上给予适当的干预，帮助每个幼儿都能通过数学区的游戏获得有益经验。

（苏州市吴江区坛丘幼儿园　唐钰芳）

4. 时钟标识（大班）

◉ 案例描述

最近，大D班的教师发现班内幼儿对于时钟的概念还不是很清楚，虽然在中班的时候该班进行过关于认识时钟的项目活动，也在日常的午餐、休息等时间点引导幼儿认识时钟，但是效果仍不理想。两名教师开始思考如何将这一知识渗透到班级环境中，让孩子们自然而然地理解时钟的概念。

经过前期的观察，教师发现班内幼儿可以通过数字、图形等标识把积木、玩具送回正确的位置。基于这一点的启发，教师想到可以制作一些关于时钟的标识融入数学区，让孩子们在游戏操作的过程中巩固时钟的知识。

于是，两名教师制作了整点和半点的时钟图片，将其分别贴在玩具柜与材料盒上。幼儿发现了区里的新标识，兴致盎然。他们经常会像做游戏一样研究标识上的时间，寻找对应的材料盒。小标识，大用途，孩子们在收纳中巩固了关于时钟的知识，在日渐熟练的过程中，提高了收纳整理的积极性。

时钟标识

◉ 案例分析

通过标识来巩固数学经验不失为一种巧妙的方法。幼儿在日常整理游戏材料的过程中自然而然地加深了对时钟的了解，达成了教师的预期目标。当然，除了让幼儿认识分针、时针，能读出整点和半点以外，教师还需要设法帮助幼儿形成更强的时间观念。教师可以引导幼儿探讨对应的时间应该做什么事，并用绘画的方式表现出来，从而引发一次新的标识探究之旅。

总之，数学区的教育意义体现在为幼儿创设自由的学习活动环境，让幼儿在环境的隐形引导下，自愿地进入数学区进行探索，不管是区域规则还是区域标识，都是来自幼儿、服务幼儿的，教师要始终以幼儿为本位，立足本班幼儿的实际，充分考虑本班幼儿的能力特点，尊重幼儿的想法，与幼儿一起设计出他们看得见、读得懂、可参与的规则与标识。

（苏州市吴江区坛丘幼儿园　徐雅雯）

5. 材料的分类和标识（中班）

◉ 案例描述

刚开学不久，中D班的教师就发现每次游戏结束后幼儿对游戏材料的整理完成得不尽如人意。由于幼儿收集的材料太多，材料柜中的操作材料凌乱无序。每次游戏时，幼儿会漫无目的地拿起材料，在失去兴趣后又会随手放在柜子里，游戏材料没有固定摆放的地方，致使多种材料混杂在一起，不能一目了然。于是在游戏分享环节，教师请幼儿一起围绕如何在数学区快速地找到想要的游戏材料展开讨论，幼儿们你一言我一语，开始讨论起来。

尘尘：我们可以先将玩具放在柜子里，然后再给它们一个一个画上标识。

乐乐：我觉得可以，每一个标识要画得不一样。

小叮当：我还有个好办法，我们可以先将游戏材料分一分类，然后再将它们放在玩具柜里，最后再给它们画上标识。

教师：小叮当的这个提议很不错，那我们根据什么来分类呢？

小芮：要不根据用途来分吧，按颜色分太难了。

大圣：我觉得还是根据材料来分，按形状分也太难了，形状都不一样。

教师：那我们可以分成哪几类材料呢？

经过一番讨论，大家一致决定将材料分成三类：低结构材料、自制材料、成品材料。幼儿们将材料分类后，就开始设计标识了。没过多久各种各样的标识就呈现在我们眼前，通过投票，最终确定了三个柜子的专属标识。

幼儿设计的低结构材料标识是根据材料外形临摹下来的并贴在收纳盒子上，幼儿将自制材料设计成时钟与时间相匹配，将成品材料标识设计成数的分合。

在幼儿的奇思妙想下，班级数学区的材料终于有了自己的家，每次取放材料既方便又明了。幼儿们体会到了自己的劳动成果，开心极了。

幼儿在讨论中通过观察和比较来了解材料的某些相同特征，以此来将材料分类。在设计标识过程中，教师始终遵循让幼儿“看得见、读得懂”的原则，张贴位置与标识对应的生活场地与教育价值符合幼儿的认知心理和认知能力，整个过程对幼儿思维能力的发展起着极为重要的促进作用。

中 D 班数学材料收纳区

（苏州市吴江区坛丘幼儿园　钱丹）

第五章 丰富适宜　动态调整

——数学区材料投放

本章简介

数学区材料是符合幼儿需要，满足幼儿兴趣，能让幼儿根据自己的意愿和能力进行个别化自主学习的载体，是引发幼儿数学探究和自主体验的重要物质基础。本章阐述了数学区材料的特点、投放原则与注意事项，以及各年龄段幼儿数学区材料投放的策略，以实际的案例诠释了活动区材料的有效投放是提高游戏质量的关键要素。

思维导图

- 数学区材料投放
  - 数学区材料投放概述
    - 数学区材料的特点
    - 数学区材料投放的原则
    - 数学区材料投放的注意事项
  - 各年龄段幼儿数学区材料投放的基本要求与策略
    - 各年龄段幼儿数学区材料投放的基本要求
    - 各年龄段幼儿数学区材料投放的策略
  - 数学区材料投放案例

第一节　数学区材料投放概述

幼儿园区域活动中的关键要素是环境、材料、幼儿和教师，其中前两者是后两者的前提，即区域中幼儿主动学习和教师适宜指导是建立在良好的区域环境创设和材料投放上的。环境与材料是教师与幼儿之间有效连接的媒介，是幼儿学习的场景与内容，材料尤其是幼儿区域活动获得成效的突破口。

一、数学区材料的特点

作为数学区活动的载体，数学区材料是教师根据《指南》中提出的数学领域目标及班级幼儿数学发展水平，以生活为取向，有目的、有计划地投放的，可供儿童直接感知、亲身体验、实际操作。

（一）材料的逻辑性

幼儿园的数学区是一个有机的整体，它是以有序的区域材料组织起来的学习系统。

首先，数学区的材料应具有缜密的逻辑性和明确的目标线索。从纵向的角度来看，数学区的目标一般可以分为总目标、年龄阶段目标、数学教育活动目标三个层级；从横向的角度来看，一般可以分为认知目标、情感与态度目标、操作技能目标三类。

其次，数学区的材料应能涵盖幼儿数学学习的基本内容。数学区的内容包括数的意义、数量关系、数的运算、几何图形、空间关系、测量等几大类别，在每个类别中教师制订了相应的总目标、年龄阶段目标、数学教育活动目标，并根据不同的目标开发出适宜幼儿操作的若干类材料，以满足区域内容的严谨性和逻辑性要求。因此，数学区的材料应包括支持数字和运算标准的材料、发展几何与空间意识的材料、发展认知和代数能力的材料以及比较及测量工具，等等。

（二）材料的引导性

材料是幼儿的另一位老师，幼儿的操作性学习过程是幼儿自主地与材料互动的过程。幼儿在与材料的互动中，通过直接感知进行探索并获得数学经验。在幼儿操作材料的过程中，教师不应过多地说教，而应为幼儿提供具有引导性的操作材料，以材料引导幼儿做出“成品”。

材料的引导性是体现数学的教育性和科学性的重要因素。教师在开发材料时一定要有明确的教育目标，充分考虑幼儿的实际能力、数学区材料之间的关联性以及材料所引发的线索对幼儿的启示等，通过巧妙的设计，将教育指导融入材料，通过幼儿与材料的互动实现教育目标。

（三）材料的多样性

数学区材料的种类大体可分为基本材料、辅助材料以及活动需要的自制材料。

基本材料是指幼儿园根据《幼儿园玩教具配备目录》所购买的小型计数材料、几何图形片、图形投放盒、天平秤、拼图或图形镶嵌等蕴含数学核心经验的成品启蒙玩具。在数学区的活动中，很多内容都是与操作、书写、记录有关的，教师需要提供一些公用的文具供幼儿选用，如铅笔、橡皮、剪刀、胶水、订书机、回形针、小夹子、小垫板等，这些都属于数学区的辅助材料。而自制材料是指由教师、家长、幼儿根据数学区活动的需要，自己动手加工制作的蕴含数学经验的材料，用于完善数学区材料体系。

二、数学区材料投放的原则

在数学区中，幼儿有很多学习数学概念与技能的机会，这些机会都源于幼儿与数学区材料的互动。结合数学教育的本质特征，教师在投放数学区材料时要遵循可操作性、层次性和丰富性原则。

（一）可操作性原则

在动作基础上建构起来的数学知识，是真正符合幼儿年龄特点的、和他的认知结构相适应的知识，也是最可靠的知识。[1] 游戏材料的可操作性成为了幼儿在数学区有效获取数学经验、逻辑知识和技能的关键。数学区材料是为幼儿获得数学领域关键经验服务的，每一份材料都应涵盖明确的教育目标，教师引导幼儿参与学习与操作材料时，以“操作性学习”为途径获得经验的发展。

数学区材料的可操作性是其最核心的原则，幼儿通过操作激发学习的主动性、积极性以及创造性，并建构自己的知识体系。材料的可操作性可使幼儿获得个性化的发展。遵循材料投放的可操作性原则，能够帮助儿童在亲手操作材料、摆动物体的过程中进行探索学习，经历一个由外而内的动作内化过程，逐步完成由动作层面向思维层面的转变。

（二）层次性原则

幼儿在发展过程中不仅呈现出年龄差异，也会呈现出个体差异，因此教师在提供材料时，应提供有层次性的材料，以满足不同幼儿的发展需求。数学区材料的层

[1] 张俊．幼儿园数学领域教育精要：关键经验与活动指导［M］．北京：教育科学出版社，2015：48.

次性主要表现在以下三个方面。

1. 针对不同年龄段幼儿的材料的层次性

根据不同年龄段幼儿的发展速度，可将材料细分为多个小层次。小班幼儿由于经验和想象力不足，为其提供的材料要生活化、情境化，趣味性强一些；对于中班幼儿，可以适当提供一些可再创造的半成品材料，激发幼儿探究与创作的欲望；大班幼儿的数学区材料应更加凸显知识体系，在材料的投放上倾向于半成品化，有利于发展幼儿的想象力和创造力。

2. 同一活动、不同材料的层次性

同一年龄段的幼儿各方面能力的发展水平也不相同，因此对材料的要求也不一样。为了便于幼儿根据自身发展的需求选择相应的活动，针对同一个年龄段的幼儿也应提供不同的材料。如在大班学习、理解空间关系的活动时，教师提供了三份不同层次的材料，这三份材料虽然目标相同，都是镜像观察拼搭，但体现了一种递进关系：单个物体—图形组合—图片组合，材料的层次性明显，对幼儿的要求也逐渐提高，既能满足幼儿的一般需要，又能满足幼儿的特殊需要，让需求、兴趣、能力不同的幼儿自主地参与活动。

3. 同一区域材料的层次性

教师在投放数学区操作材料时，应由易到难，力求将最近的教育目标与材料的功能确切地对应起来，适宜、适时地投放那些对幼儿现阶段的发展最有促进作用的材料。

（三）丰富性原则

区域材料是对区域活动的物质支持。在一个区域中，材料投放是否得当、是否多样，材料的数量是否充足，都对幼儿的发展起着决定性作用。多元智能理论认为不同个体拥有不同的优势智力领域，具有不同的工作风格，为了在区域活动中满足不同幼儿的发展需求，教师应投放具有多样性和丰富性的材料，并能根据教育目标的变化和幼儿能力的变化不断调整、变换材料。

丰富的材料能够带给幼儿强烈的感官刺激，同时激发幼儿的探索欲望和兴趣。数学区材料的丰富性主要体现在材料的种类是否多样及材料数量是否充足。幼儿只有在与众多材料的接触中才能充分运用自身的各种感官，提升思维能力，理解事物的多样性。因此，遵循丰富性原则，在数学区投放丰富多样的区域材料，能够保证幼儿在操作过程中获得各个领域的全面发展。

三、数学区材料投放的注意事项

材料承载着各区域的教学内容，是幼儿建构知识的依托。幼儿通过不断地、主动地寻找并探索能促进其最近发展的材料，来获取信息、积累经验和发展能力。教师要紧密结合各年龄段幼儿的数学核心经验，根据幼儿的发展特点与目标，科学合理地投放适宜的数学区材料。

（一）把握幼儿的年龄特点，设计和投放有针对性的材料

数学这一学科的知识具有极强的系统性，主要培养幼儿的逻辑能力。教师在投放材料时，不仅要考虑数学的特点，还要遵循幼儿学习与发展的特点，从幼儿已有的生活经验出发，投放富有情境性、操作性强、可实际运用的材料，让他们在探索过程中激发数学意识、培养数学思维能力、提高数学理解能力、发展运用数学知识解决问题的能力。

富有情境性的探索材料使幼儿乐于探索，并能更好地理解材料中蕴含的数学知识，提高数学理解能力。另外，如果数学区的材料操作性较强，可以更好地吸引幼儿主动与材料互动，提高幼儿对数学的兴趣，激发幼儿的数学意识。如在“动物公寓”“种小花”游戏中，赋予材料以角色及情境，可以提高材料对幼儿的吸引力，幼儿可在游戏的情境中完成探索学习，获得知识，提高能力。在“十二生肖”游戏中，采用实用性测量可以让幼儿通过探索材料了解数学知识在生活中的具体运用，养成运用知识解决生活中的实际问题的习惯。

（二）投放的材料应尽量涵盖数学学科必要的内容

幼儿园阶段，教师在数学区中除了要投放能培养幼儿对数学的兴趣、激发幼儿对周围环境中的数学现象的敏感性等的材料外，还要根据数学这一学科本身的知识体系去整理材料。在幼儿阶段，这一方面的内容包括有关物体数量、形状以及时间、空间等方面的经验和知识。

教师在投放材料时，应全面而综合地考虑这些问题，既使每份材料有各自的目标，又使由单份材料构成的整体数学区材料能涵盖幼儿阶段数学学习各方面的内容。

我们根据前期梳理的数学区核心价值制订了小、中、大班幼儿数学区材料预览表，逐一将材料集中，进行分类整理，保证材料的系统性和完整性。在整理的过程中，将符合此内容的材料归入。如果发现材料不足，教师就可以根据这一经验设计、制作相关的数学区材料，完善数学区材料体系。教师可根据班级的当前发展情况及幼儿的实际需要，在数学区材料库中选择适合自己班级幼儿发展的材料，以提高材料的适宜性与科学性。另外，选择了适宜的材料后，并不是随意地把材料全部放入，而是根据分类标准将同一类材料放在一起，并且将同一类材料分清层次。在数学区的材料柜中，有一条看不见的线索，每一份材料与它前面、后面的材料呈现递减和递增的关系，这样投放既能保证数学区材料的清晰度，也方便幼儿选择材料和教师观察幼儿在活动时对材料的选择。

（三）根据幼儿的发展状况及时调整材料

材料投放到区域中后并不是一成不变的，由于各种原因，在区域活动开展过程中，曾经适宜的材料可能会失去其原有的价值。要想幼儿在区域活动中通过探索获得新的有效的发展，教师就需要及时调整材料，以满足幼儿新的需求。

幼儿的发展是动态变化的，幼儿的需求具有即时生成性的特点，有些材料因幼儿的不断操作而失去了原有的吸引力，部分材料还会出现破损和缺失，因此教师需要根据不同的情况及时地调整材料。在材料调整的原因中，出现频率最高的是幼儿发展水平的变化引起了新的需求。

例如，幼儿在大班角色区开设了超市，超市的商品买卖引起了幼儿对钱币的兴趣，幼儿产生了认识钱币的需求，也有换算钱币的需求。根据幼儿新的需求，教师可以及时地在数学区投放“认识人民币”“超市购物”“钱币换算”等游戏材料。当幼儿对材料的兴趣点改变时，教师应观察分析幼儿的行为，探究材料引起幼儿兴趣和不能引起幼儿兴趣的真正原因，如果是个别材料的问题，就调整材料；如果属于群体问题，则需要整体分析材料的内容结构并做出改变，从而提升材料的吸引力。

第二节 各年龄段幼儿数学区材料投放的基本要求与策略

一、各年龄段幼儿数学区材料投放的基本要求

不同年龄段的幼儿因认知水平、能力发展、兴趣爱好、年龄大小等差异，所需要的材料也各不相同，教师应根据幼儿的需求，有目的、有计划地投放适宜的材料，并根据幼儿的发展和兴趣及时地调整、更新材料，使材料符合幼儿的需求，促使幼儿在区域活动中获得持续性的发展。

（一）小班数学区材料投放的基本要求

以《3—6岁儿童学习与发展指南》“数学认知”中3—4岁的发展目标为指引，结合小班幼儿正处于由直觉行动思维向具体形象思维发展的特点，在投放小班数学区材料时要尤其注重材料的可操作性、情境性与趣味性。同时，结合小班幼儿以自我为中心的年龄特点，面对受欢迎的材料容易出现争抢现象，教师应增加同一种材料的数量以满足幼儿的游戏需求。

此外，考虑到小班幼儿年龄小、肌肉动作发展不完善、动作比较缓慢、秩序感

不强等特点，教师应尽量提供较大的材料，如粗头彩色笔，以方便幼儿抓握，让幼儿能在短时间内完成记录，并为幼儿提供具有防护作用的材料，如儿童安全剪刀和固体胶水等。小班数学区材料投放及制作和使用方法如表 5-1、表 5-2 所示。

表 5-1　小班数学区基本材料、辅助材料投放表

基本材料	辅助材料
W414 幼儿计算器（10 个） W415 小型计数材料（若干） W417 图形投放盒（6 个） W418 图形戳（4 个） W419 数形接龙（8 个） W420 图形顶板 0.22 米×0.22 米（6 个） W423 钟面（36 个） W425 儿童棋（4 套） W426 儿童牌（4 套）	粗头彩色笔 儿童安全剪刀 固体胶水 托盘

表 5-2　小班数学区自制材料及制作、使用表

材料名称	数学经验	制作方法	使用方法
 好玩的扑克牌	集合分类与对应	选择不同花色的数字扑克牌，进行裁剪，将扑克牌中间块与外框分割开，形成花色数量与数字对应的两部分材料。将外框固定在纸箱立面上，在扑克牌中心部位的背面贴上雌雄贴	玩法 1. 幼儿根据扑克牌外框上的数字和花色，选择对应的扑克牌中间块，然后贴上去 玩法 2. 幼儿根据扑克牌中间块的花色个数，选择对应的扑克牌外框贴上去
 小猴分桃	基数意义	制作 4 只小猴子、4 个篮子、桃子若干、点数卡若干，分别塑封固定并在反面贴上雌雄贴	将点数卡贴在篮子上，引导幼儿根据点数将对应数量的桃子贴在篮子上面的雌雄贴上
 贪吃的小刺猬	数的表征方法	制作 4 只刺猬、不同种水果若干、点和数字卡，分别塑封固定并在反面贴上雌雄贴	将点和数字卡贴在刺猬头部，并贴上一个水果，引导幼儿根据点和数字卡以及水果品种，将对应个数的水果贴在刺猬身上

续表

材料名称	数学经验	制作方法	使用方法
 喂食小动物	数的大小与多少比较	选取一个盒子。在其中一个盒子前贴上大小不同的两只动物模型（兔子），并在小的动物的嘴巴下画上有一个点标记的食物模型（胡萝卜），在大的动物的嘴巴下画两个点以上标记的食物模型，再在盒子中投放一只放有若干食物模型（胡萝卜）的透明杯子	打开装有兔子模型的盒子，将放有胡萝卜模型的盒子拿出来，选取一个胡萝卜给小兔子喂食，选取许多个胡萝卜给大兔子喂食
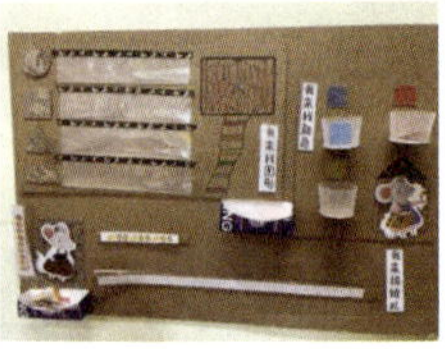 我来排排队	数序	准备一块硬纸板。在上面投放印有奶酪、饼干、面包的顺序模板，将模板插入塑封袋，制作若干奶酪、饼干、面包放在盒子里，将盒子粘贴到硬纸板上。在制作的游戏材料和硬纸板上分别贴上雌雄贴	选取一条印有图案的顺序模板放在上面的雌雄贴上，根据模板从盒子中选取相对应的图案贴到下面的雌雄贴上，以此进行排序游戏
 比轻重	重量	投放一杆天平和若干小物品	将一种小物品放在天平的一头，再将要进行对比的小物品放在天平的另一头。如果天平的一头沉下去，另一头翘起来，说明这一头的物品比另一头的重
 给小兔送萝卜	几何图形特征	创设小兔子拔萝卜的情景，打印不同形状的萝卜以及具有不同萝卜需求的小兔子底板，将萝卜剪下塑封，并分别贴上雌雄贴	幼儿按照题卡要求给不同萝卜需求的小兔子送萝卜
 拼图	几何图形的分解与组合	打印卡通图案2套，将其中一套分割成9块，另一块做底板，并分别过塑（可根据幼儿能力调整分割数量）	幼儿按照拼图底板进行拼摆，如幼儿能力较强可拿走底板让其自行拼摆
 小汽车找方向	空间方位	题卡：在A4纸上设计出双车道马路，马路两侧设计4个不同颜色的点以及1个左右方向箭头（可以准备多套题卡） 操作小车：与题卡对应的4种颜色的小车2套，一套车头朝左，一套车头朝右，剪裁后过塑	幼儿按照题卡上的箭头指向以及颜色排列顺序，在对应的马路上摆放小汽车

续表

材料名称	数学经验	制作方法	使用方法
 镜面成像	空间 视觉化	制作不同形状的积木（球形、半圆形、长方形、圆锥形、六边形等），2 面镜子（垂直摆放），设计 3 种难度挑战题卡	幼儿抽取题卡并观察卡片图案，然后选出题卡上需要用的积木形状并进行观察摆放，最后将完成品对照卡片上的图案的角度看看是否正确。

（二）中班数学区材料投放的基本要求

以《3—6 岁儿童学习与发展指南》“数学认知”中 4—5 岁的发展目标为指引，中班阶段的幼儿可以尝试接触 5 以内数的分合、借助实物或情景理解 10 以内集合的数量变化等内容。

该阶段的幼儿思维仍以具体形象思维为主，在理解抽象的数量关系时仍需借助具体材料在直观形象的操作过程中获取本年龄段的数学区核心经验。中班幼儿数学区的活动会涉及书写数字，宜为幼儿提供比正常铅笔稍微粗一些的“三角形彩色铅笔”。这种铅笔能帮助幼儿较快地掌握握笔姿势。另外，在小班的基础上，中班的辅助材料添加了卷笔刀、橡皮及手工剪刀，中班数学区材料投放及制作和使用方法如表 5-3、表 5-4 所示。

表 5-3　中班数学区材料投放表

基本材料	辅助材料
W414 幼儿计算器（10 个） W415 小型计数材料（若干） W416 几何图形片（4 个） W417 图形投放盒（2 个） W418 图形戳（6 个） W419 数形接龙（10 个） W420 图形顶板 0.22 米×0.22 米（10 个） W425 儿童棋（10 套） W426 儿童牌（10 套） W427 天平：吊斗式、挂斗式、托盘（2 个）	三角形彩色铅笔 手工剪刀 固体胶水 笔筒 橡皮 卷笔刀

表 5-4 中班数学区自制材料及制作、使用表

材料名称	数学经验	制作方法	使用方法
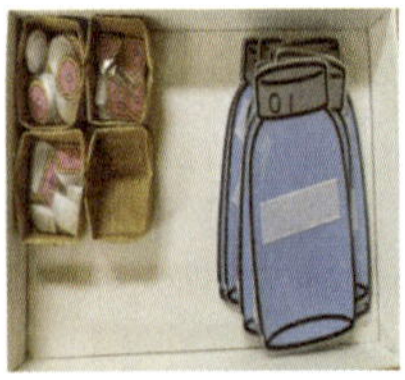 各种形状的饼干	集合分类与对应	1. 选择一种瓶子的图片和三角形、圆形、长方形的饼干图片进行彩印； 2. 在瓶子上用勾线笔进行一定的标示“●2”“▲4”（考虑到中班的年龄段，所以在数字上有的采用了数字，有的采用了点）； 3. 把彩印完的饼干和瓶子图片进行塑封、裁剪	1. 根据瓶口显示的形状和数量，选择对应的饼干图片进行粘贴，瓶口如果是“●2”，就从饼干盒里选择2张圆形饼干图片，如果是“▲3”就选择3张三角形饼干图片进行粘贴； 2. 全部完成以后，将粘贴好的饼干图片撕下，重新按照类别进行分类摆放
 趣味连线	数式与计数	1. 选择一些动物图片，根据动物图片用修图软件擦掉一些线条，按照线条的顺序增添1到10或者1到15、20、30、40、50等数字； 2. 进行塑封，剪裁，并提供一些可擦拭的笔	1. 从盒子中选出自己喜欢的图片，按照上面的数字顺序，沿1、2、3、4、5、6……进行连线，连线时注意线条的流畅性； 2. 当成功尝试1到10以后，可以尝试1到15、20、30、40，直到50； 3. 连线时数字不可以重复连接，需要按照数字顺序，一个数字只能连接一次
 小猪吃西瓜	基数意义	1. 用勾线笔画出小猪和西瓜的图案，并进行涂色； 2. 用勾线笔在小猪图案上写上1到10的数字，在西瓜上画上不同数量的黑色西瓜籽图片； 3. 进行塑封、裁剪，并根据图案粘贴在盒子上	1. 幼儿先认一认小猪图案上的数字是几； 2. 认完小猪图案上的数字，数一数盒子里西瓜图案上的西瓜籽数量； 3. 取出西瓜籽数量与小猪图案上数字相等的西瓜图案放入装有小猪图案的盒子里
 动物吃什么	数的表征方法	1. 准备底板、小动物与对应食物的图片，提供4到7的数字，雌雄贴； 2. 将图片与数字进行塑封，在底板上贴上雌雄贴，在动物图片和数字的反面也贴上雌雄贴，每个动物图片下面贴两条雌雄贴，底板下面贴上两个盒子，放对应食物的图片	选择自己喜欢的数字，将数字贴到小动物图片的旁边。 再根据小动物图片旁边的数字，从盒子中找出与之相对应数量的食物图片，贴到小动物图片的下面。

续表

材料名称	数学经验	制作方法	使用方法
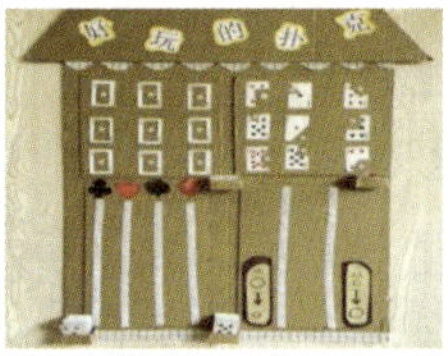 好玩的扑克	数的大小与多少比较	1. 准备底板，提供数字 6 到 10 的扑克牌； 2. 第一组将纸牌的花色雕出，第二组将纸牌进行裁剪，第三组提供花色的图片，第四组提供从大到小和从小到大的图示； 3. 在每组下面贴上一个盒子，将操作材料放在对应的盒子里	1. 幼儿根据扑克牌框架上的花色和数字，找到对应数量的扑克牌中间部分； 2. 根据底板上的部分扑克，从盒子中找出缺失的另一部分； 3. 根据底板上的花色，从盒子中找到同样花色的扑克牌； 4. 根据图示，用扑克牌按从大到小或从小到大进行排列
 相邻数	数序	1. 准备点卡、甜品图片、衣服图片、3 种相邻数的图片，塑封，贴上雌雄贴，制作 3 本题卡，将答案的图片放在盒子里； 2. 打印 3 本正确答案的记录本； 3. 自制相邻数转盘：用纸板做转盘的底座，用彩色卡纸制作 10 根杆子，中间用钉子固定，用粉色卡纸剪 10 个圆，写上数字，用胶棒粘贴到彩色杆子上	1. 根据题卡上提供的数字，从盒子中找出它的相邻数，贴到题卡上； 2. 再对照记录本上的正确答案进行记录，错误的题再用转盘进行验证
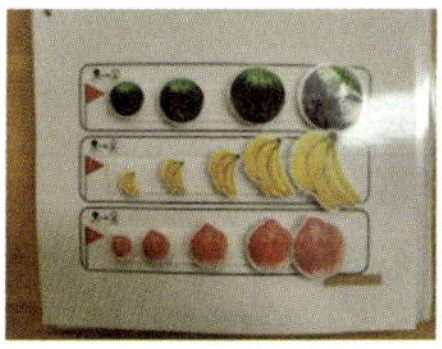 水果排列	连续量的比较与排序	1. 将同一种水果图片打印成五种大小，打印多种水果图片； 2. 剪下所有水果图片并塑封，放在盒子里； 3. 制作几张表格，塑封装订成一本图示	1. 观察图示上的排列顺序，按照从大到小或从小大的顺序进行排列； 2. 按大小的差异对多种水果图片进行排序
 比轻重	重量	1. 准备一个天平，提供 4 种自然材料； 2. 把四种自然材料的图片打印出来，裁剪并塑封； 3. 打印 3 张记录表并塑封	1. 根据记录表把 4 种自然材料分别放到天平上称重； 2. 然后按照记录表，引导幼儿使用类推的方法比较 3 至 4 个物体间的轻重关系，并找出最轻和最重的物体
 图形拼拼乐	几何图形特征	1. 准备三角形、圆形、正方形、菱形等不同形状的图形积木； 2. 打印各种形状的图形底板卡，并塑封	1. 根据图形底板卡的形状，选择形状相同的积木进行摆放； 2. 全部完成后，将积木放回篮筐

续表

材料名称	数学经验	制作方法	使用方法
 圆与半圆拼图	几何图形的分解与组合	1. 将不同颜色、不同大小的圆形和半圆形打印在彩纸上； 2. 剪下所有图形并塑封，按形状分类放在盒子里； 3. 制作一本参考拼贴图示，最后附上空白纸片，提供笔	1. 幼儿按照图示选择相应的图形进行拼贴； 2. 在最后的空白纸片上画上自主创造的圆形和半圆形组合图形； 3. 选择相应图形对照自己画的图形或他人画的图形进行拼贴
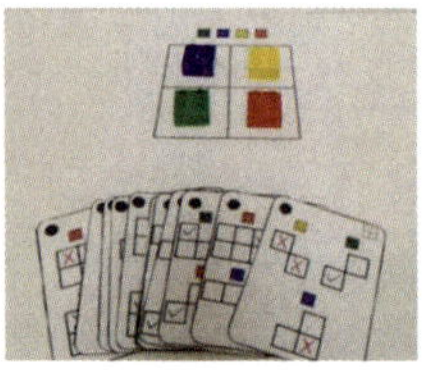 位置推理	空间方位	1. 打印不同空间方位的图示，将打印的材料进行塑封、裁剪； 2. 打印四宫格，进行塑封，裁剪后，在上方放上相应颜色的积木	1. 幼儿观察推理空间方位图示上的不同颜色的积木所对应的空间位置； 2. 将对应颜色的积木放置在四宫格中； 3. 完成后对照图示反面的答案进行检查
 对称俄罗斯方块	空间视觉化	1. 提供一块有凹槽的底板，中间画上对称线； 2. 提供各种形状各种颜色的俄罗斯方块； 3. 打印对称图案的一半，装订在一起做成图示	1. 幼儿先选择一张图示； 2. 将对应的俄罗斯方块放置在底板的一边； 3. 在另一边放置对称的俄罗斯方块

（三）大班数学区活动材料投放的基本要求

以《3—6 岁儿童学习与发展指南》“数学认知”中 5—6 岁的发展目标为指引，结合大班幼儿已具有一定的自主游戏意识，能够创造性地使用游戏材料等特点，建议教师多投放低结构材料，鼓励幼儿在操作中发挥想象力，创造出更多玩法。

此外，大班是幼儿的学习习惯和任务意识养成的关键期。随着大班幼儿求知欲望、合作意识、规则意识的增强，在投放数学区材料时应充分考虑以上因素。故数学区的大部分活动都会配有相应的记录单，需要幼儿在写写画画中完成。教师在投放辅助材料时，应充分考虑使用频率、具体数量、用途等因素。同时，考虑到幼小衔接，教师还可以配备相应的握笔器、橡皮、卷笔刀、手工剪刀、液体胶水和尺子等，并按照小学的要求对幼儿进行收拾文具的常规培养。大班数学区材料投放及制作和使用方法如表 5-5、表 5-6 所示。

表 5-5　大班数学区材料投放表

基本材料	辅助材料
W415 小型计数材料（若干） W416 几何图形片（10 个） W419 数形接龙（10 个） W422 套式玩具：套人、套塔、套筒、套碗（4 套） W423 钟面（2 个） W427 天平：吊斗式、挂斗式、托盘（2 个）	三角形彩色铅笔 手工剪刀 液体胶水 笔筒 橡皮 卷笔刀 尺子

表 5-6　大班数学区自制材料及制作、使用表

材料名称	数学经验	制作方法	使用方法
 贴瓦片	集合分类与对应	1. 准备黑白两色卡纸，剪成瓦片的形状，并进行塑封，在瓦片卡纸的后面贴上雌雄贴； 2. 用卡纸剪一个大的梯形，并在上面贴上雌雄贴； 3. 准备一些模式图，黑圈圈代表黑色瓦片，空心圆代表白色瓦片，再准备一些画有 6 个空心圆的纸条，用塑封纸塑好	1. 按照固定的模式进行贴瓦片游戏。模式图上只有 6 个圈圈，幼儿按照上面的黑白圈圈间隔找到其中隐藏的模式，然后按照这个模式贴瓦片； 2. 幼儿自主设计模式然后贴瓦片。材料中还有空白的空心圆纸条和记号笔，幼儿可以用记号笔把其中的一些圆圈涂黑，形成自己设计的新模式，可以自己设计、自己贴，也可以自己设计、让其他小朋友贴
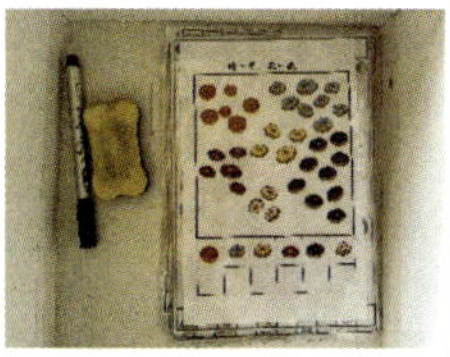 圈一圈、数一数	数式与计数	1. 在网上找一些不同种类的小图形，粘贴在 Word 文档的表格中，将同种类的图形堆叠在一起，并打印出来； 2. 将打印出来的纸进行塑封并投放记号笔、小黑板擦	1. 幼儿按照每一页上的同种不同样的图形进行圈数，把一样的圈出来，并通过目测、点数等方式进行计数； 2. 用笔在下方的格子里填写上对应的数字
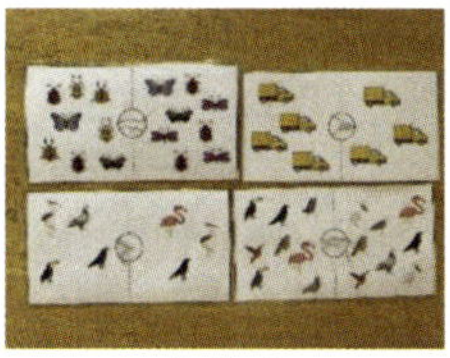 比大小	数的大小与多少比较	制作一些比大小的卡片，找左右两边数量不同的物体图片，制作一些大于、小于、等于的符号，供幼儿粘贴	请幼儿仔细观察点数左右两边物体的数量，在圆圈中贴上正确的符号
 相邻数	数序	制作数字相邻数和点数相邻数的卡片，将数字相邻数的卡片设计成晾衣架晾衣服的形式，卡片底板上印有带数字的衣服图片，贴上雌雄贴	请幼儿观察卡片底板，找出相应的相邻数，贴在对应的衣架上和对应的圆圈内

续表

材料名称	数学经验	制作方法	使用方法
 比高矮	连续量的比较与排序	设计一些高矮不一的柱状图卡片和对应高矮的人物卡片，制作一张底板，将柱状图卡片贴在底板上，粘上雌雄贴，供幼儿贴上对应高矮的人物卡片	请幼儿仔细观察底板上的柱状图卡片，根据高矮找到对应高矮的人物卡片，贴在相应的雌雄贴上
 小青蛙天平	重量	1. 用泡沫板制作一个小青蛙底座，将两个小盘子粘在小青蛙的两边，制作成一个天平； 2. 用轻黏土做成若干个小青蛙，用 KT 板刻出数字 1 到9，用颜料涂上不同的颜色	1. 任意选择一张加法算式的操作卡，根据上面的提示拿取相应个数的小青蛙放在其中一个天平上，再根据算式的答案拿取对应个数的小青蛙放在另一个天平上； 2. 看看两个天平是否平衡，如果一侧较重，则两边的小青蛙数量就不相同，答案就是错误的，如果平衡就说明答案正确
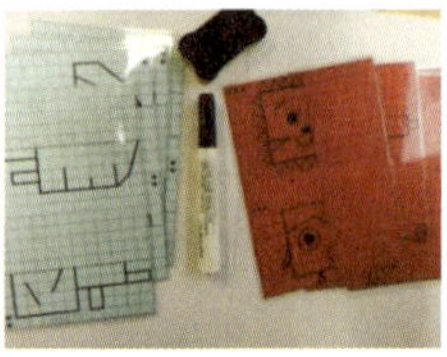 对称空间	几何图形特征	1. 在纸上打印网格状背景，（在网上找出有关对称的几何图案，图案难易分明，简单和困难分别用两颗星和三颗星表示）； 2. 根据对称轴把图案分成左右两边，再将对称的图案其中一边添加到网格中，加粗对称轴，让幼儿容易辨识和操作，将网格进行塑封、裁剪，制成操作板； 3. 最后将所有答案进行缩放归纳，制作答案卡； 4 对操作板和答案卡进行编号，使其一一对应，方便幼儿快速自查结果	为幼儿提供白板笔、白板擦等工具，让幼儿先拿出一块操作板，通过已有经验对操作板上对称图形缺失的部分用白板笔进行补充，完成之后找出与操作板相对应的答案卡进行对照，自查结果是否正确，如全部正确即可以挑战下一块操作板
 图形拼贴乐	几何图形的分解与组合	1. 利用彩色（除黑色外）无纺布裁剪出相同的三角形、正方形、长方形、扇形、半圆形等形状若干； 2. 利用这些图形拼出不同的组合图形（要求组合图形难易分明），再用黑色无纺布剪出组合图形的轮廓作为底板； 3. 准备材料盒分别放置黑色底板和彩色几何图形	取出彩色图形，在底板的黑色阴影部分进行组合拼摆，使组合图形轮廓与黑色阴影外轮廓吻合。将图形拼摆成一幅美丽的图案，感受平面图形之间的简单关系

续表

材料名称	数学经验	制作方法	使用方法
 小动物住高楼	空间方位	1. 用无纺布剪成一张45厘米×64厘米的底版，上面贴有42间有弧度的小动物房间图片，纵向贴上1到7数字的楼层号，横向贴上1到6数字的房间号； 2. 打印42张小动物的图片和写有方向提示的动物地址操作卡并将所有材料进行塑封； 3. 在小动物图片后面贴上雌雄贴，方便幼儿操作	1. 根据动物地址操作卡上的提示，帮助小动物找到正确的家，第一张卡片上的内容是鳄鱼住在101，就把鳄鱼放在1层的1号房间里； 2. 第二张卡片上的内容是猴子住在鳄鱼的右边第二间、上边一层的房间，也就是203房间； 3. 以此类推，幼儿根据操作卡上的箭头提示，认识上下左右的方向，通过箭头的指引，帮助小动物找到正确的家
 拼拼乐	空间 视觉化	1. 准备不同颜色的花朵、小蜜蜂等不同图案的图片若干，将每个图案都分成两半，一半贴在底板上，另一半贴在小的操作卡上，一张操作卡上有4个一半的图案，然后将全部材料进行塑封； 2. 在底板和操作卡背后都贴上雌雄贴，方便幼儿操作	1. 选择任意一张操作卡，然后找到和它相对应的图形进行拼图，摆放的时候注意左上角的箭头，箭头全都要朝上摆放； 2. 观察第一行第一列边上的图案，找到颜色相同、方向相同的图案，贴在对应的位置上

二、各年龄段幼儿数学区材料投放的策略

数学区活动材料不仅是帮助幼儿系统地建构数学知识、引发幼儿主动探索的工具，还是引导幼儿学习数学知识、发展数学思维能力的重要手段。因此，教师在投放材料时要充分考虑幼儿的年龄特点和认知规律。

（一）小班数学区活动材料投放的策略

小班幼儿思维仍然以直觉行动思维为主，教师需要为他们提供游戏性、情境性强的材料和内容以激发他们操作的兴趣，吸引他们参与活动，从而在反复操作中积累数学经验。

1. 投放蕴含操作流程的材料

小班幼儿的数学游戏材料中蕴含的操作流程较复杂，往往需要两个操作步骤才能完成。如在“喂小动物”游戏中，幼儿需要先分类，再喂“食物”给“小动物”；投篮游戏中，幼儿需要先按颜色归类，再做4以内的等量匹配。上述游戏中，教师将形状、大小、颜色的归类要求蕴含在游戏材料中，让幼儿在“喂小动物”或投篮的游戏情境中，自然地进行分类、归类、对应等数学操作活动。同时，卡通的立体

动物形象更有角色感和对象性，更易把幼儿带入情境，增强活动的游戏性，避免机械、枯燥的操作。

2. 投放多套平行的游戏材料

数学知识是一种抽象的知识，幼儿需要通过多次反复的操作才能理解数学概念的意义。小班幼儿喜欢重复性并具有好模仿的特点的游戏，因此，教师应提供多套平行的游戏材料。教师可以提供多套同种材料，以满足幼儿模仿同伴游戏及反复操作的需求，避免幼儿在游戏中争抢材料，也可以根据同一数学核心价值提供多个相应的平行的游戏材料，以满足幼儿多样化游戏的需求。如“归类”游戏中，幼儿可以用各种水果进行归类，也可以用各种车进行归类，还可以用各种雪花插片进行归类。

3. 投放一些成品游戏材料

玩具商开发了很多适合幼儿学习数学的游戏材料，其中蕴含了一些数学核心价值，也可以作为数学区材料。这些游戏材料大多做工精细，色彩鲜艳，更能激发幼儿主动探究的兴趣。因此，教师可以将购买和自制相结合，投放一些适合小班幼儿的材料，从而帮助他们在不同形式的材料中学习数学。

（二）中班数学区活动材料投放的策略

随着中班幼儿认知水平及数学思维水平的发展，他们学习的数学内容逐步复杂和多样，因此投放的材料也需要更加丰富和多样化。

1. 投放有利于幼儿合作的材料

幼儿的合作意识和能力需要在具体的游戏中培养，为了帮助幼儿增强合作的意识和能力，教师可以多设计和投放一些有利于幼儿合作的游戏材料，丰富幼儿合作游戏的经验，如“掷骰子找图形”“蒙眼睛摸数字”“三字棋”等游戏，可培养幼儿的合作意识和能力。

2. 投放操作结果具有不确定性的材料

中班的幼儿喜欢具有随机性 、变化性的游戏材料，如“掷骰子找图形”游戏中，幼儿每次掷出的骰子上的图形是不确定的，这种不确定性给幼儿带来了新鲜感。又如“转转盘找答案”游戏中，幼儿每次转转盘后的结果是不确定的，这种不确定性增加了幼儿持续游戏的兴趣。

（三）大班数学区活动材料投放的策略

大班幼儿思维的特点是具体形象思维占主导，抽象逻辑思维开始萌芽。随着年龄的增长，他们的动手、分析、推理和判断的能力都获得了一定的发展。幼儿身心各方面的发展，使他们在活动中能够胜任操作比较复杂的活动，具有挑战性的活动对他们更有吸引力。

1. 投放玩法丰富又具有挑战性的材料

大班幼儿在游戏过程中，更加追求经过自己的努力获得的成功体验。因此，如果为大班幼儿设计的活动本身比较简单，则可以采取比一比的方式来激发幼儿参与活动的兴趣，如“比比谁看得快”“比比谁拼得快”等。

另外，教师可以提供玩法丰富的材料，让幼儿在与材料的不同互动方式中积累多种数学经验。如提供扑克牌，让幼儿玩各种游戏，从中获得不同的数学经验。通过“抽乌龟”游戏练习数的组成；通过“数字排队”游戏感知理解 10 以内任意数之间的大小关系；通过“比大小”“争上游”等游戏，更深入理解数学知识蕴含的数学关系，同时提高分析、判断、推理等逻辑思维能力。

2. 投放不同层次和开放可变的材料

根据大班幼儿年龄特点和认知规律，投放不同层次的操作材料，满足不同水平、层次幼儿学习和发展的需求。内容的变换、更新应遵循从易到难的原则。如先是数的组成，再是数的运算；先是实物摆弄，再是符号运算；等等。材料的投放需要考虑班级幼儿发展水平的个体差异，教师常常要同时提供不同层次的活动内容，或同样的活动对不同水平的幼儿提出不同的要求。如通过数量多少的控制改变活动的难易程度，通过提供实物帮助幼儿解决思维水平差异问题。

此外，大班儿童在游戏中通常更有创意，他们能够发挥奇思妙想，自主设计创意游戏。在幼儿熟悉游戏玩法后，教师可以引导幼儿自己制作游戏材料，不断激发幼儿对数学游戏的兴趣，如让幼儿自制“比眼力”的物群卡、自制拼图等，幼儿可以根据自己的能力，用不同的材料自制不同的卡片，增加游戏的可变性和挑战性。

第三节 数学区材料投放案例

1. 趣味停车（小班）

◉ 案例描述

两份“停车场”游戏材料被同时投入小班数学区，幼儿自主选择了立体式的停车场游戏。乐乐在篮子中取出一辆小汽车，先在桌上来回玩了一会儿，然后推着小汽车上坡至停车场的第二层。乐乐发现小汽车车身上和停车位上都有黄色的图形标记，他看了看车上的三角形标记，又看了一下停车位标记，将车子摆在了贴有三角形标记的停车位上。随后又从篮中取出一辆小汽车，看了看车上是方形标记，便在停车场模型上巡视一圈，边开着小汽车边嘟囔着："嘟嘟嘟，小汽车到家了。"将小车摆在了贴有方形标记的停车位上……

◉ 案例分析

设计"停车场"游戏材料的教学目标是让幼儿学会认识不同的形状，感知不同形状的特征，并进行图形配对。如果在设计材料时只考虑知识方面的目标，只提供图形及图形底板给幼儿自己配对的话，枯燥、单一的动作不利于激发他们的探索欲望。教师选择以立体式的停车场及贴有不同标记的小汽车模型的方式呈现，赋予材料以角色及情境，符合小班幼儿的年龄特点及兴趣偏好，极大地提高了材料对幼儿的吸引力，幼儿可在游戏的情境中完成探索。那为什么同一游戏情境下把两份"停车场"材料同时投入数学区，孩子的第一选择是立体式的游戏材料呢？这是因为立体式的游戏材料可操作性更强，更能吸引幼儿主动地与材料互动，提高幼儿对数学的兴趣，激发幼儿的数学意识。

"停车场"游戏材料中的形状图卡背面贴有雌雄贴，是可以更换的，后期教师可根据幼儿发展水平的变化及新的需求，调整题卡的难易，如根据"按照一定规律对5个以内的物体进行简单排序"这条经验将题卡设计为按大小、颜色、形状或长短等排序的玩法，可逐渐递增难度，体现材料的层次性及多样性，使同一种材料符合不同发展阶段的孩子。

乐乐在玩趣味停车游戏

（苏州市吴江区八都幼儿园　张莉萍）

2. 破译车牌号（中班）

◉ 案例描述

中班数学区最近投放了一个升级版的“破译车牌号”游戏，车牌由原来的单个数字变成了一串数字。教师还提供了游戏记录本，如果游戏时不能记住完整的一串数字，可以采取记录的方式逐个破译数字密码，再找到正确、完整的车牌号。

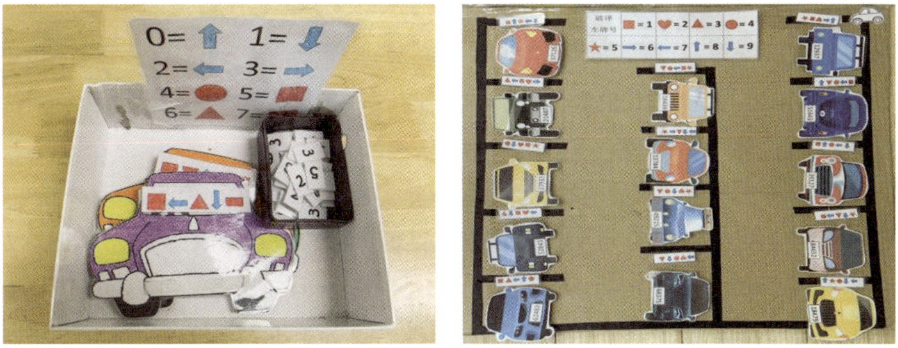

破译车牌号

今天，佳宇在玩了原来的“破译车牌号”游戏后，开始挑战升级版的“破译车牌号”游戏。他先将所有图形密码粘贴在车位上方，可是在准备停放车辆时，佳宇迟迟没有动手。他取出一辆车准备贴，看了一会儿，手又缩了回来。

教师看到佳宇的游戏似乎无法进行下去了，便问他：“找不到车牌号了吗?”

佳宇轻轻说道：“我……我找不到后面的数字了?”

教师指了指旁边的本子说：“数字记不清可以用笔记下来，我们一起来试试看好吗?”

幼儿在玩“破译车牌号”游戏

教师指着图形密码的第一个图形问：“正方形代表数字几?”佳宇说：“1。”教师示意佳宇写下数字“1”。接着用同样的方法提问佳宇图形密码的对应数字，佳宇边说边记录，只见他在纸上写着“18479”，就这样在记录本的帮助下，佳宇成功破解了车牌号。

◉ 案例分析

材料的趣味层次性需要满足不同发展水平的幼儿。《指南》指出：每个幼儿在沿着相似进程发展的过程中，各自的发展速度和到达某一水平的时间不完全相同，要充分理解和尊重幼儿发展进程中的个别差异。对于同一数学内容，教师可以通过投放不同的材料、提供不同的操作方式、制订不同的规则，让幼儿在多元化、具有层次性特点的材料中不断丰富自己的数学经验，让具有不同发展水平的幼儿都能选择适合自己的活动。在数学区中原来已经有一个简单的“破译车牌号”游戏，后来教师提高了游戏难度，将车牌号由单个数字变成一串数字，投放了一份难度更高的材料，让游戏更具有挑战性，体现了幼儿的“最近发展区”，也充分体现了材料投放的层次性，让材料适应不同能力发展水平的幼儿。

教师在创设数学区时，还需要投放一些具有隐喻暗示性的材料帮助幼儿学习，这些材料具有隐性自我纠错功能，有助于幼儿的自主探究。一方面可保留幼儿数学学习活动的成果，让幼儿获得成就感，激发他们再次操作的兴趣；另一方面可为后面操作该材料的幼儿做隐性示范。

在本案例中，当佳宇的游戏进行不下去时，教师提醒孩子使用辅助材料——记录本，让幼儿尝试借助记录本，通过边说边记的方式，找到破译车牌号的正确方法。佳宇通过在记录本上逐个记录数字，最后找到了正确的车牌号。在这个记录的过程中，幼儿提高了对数的概念的认识，教师懂得了该如何对幼儿的游戏给予更明确的评价与指导。

（苏州市吴江区八都幼儿园　沈玲玲）

3. 图形拼搭（大班）

◉ 案例描述

镜头一：玺玥（5 周岁）玩的是图形拼搭的游戏。她把积木倒在桌子上，拿出正方形的图纸开始进行拼搭。她按照从上到下的顺序，一边点着图纸上的形状，一边从桌子上的积木中找相应颜色和形状的积木。过了 2 分钟，她就拼完了。她对老师说：“老师你看，我已经拼完了。你看看我拼的对不对呀？”教师说：“我来看一看。哇，都是正确的。那你可以试试拼搭城堡和雨伞，用 10 种不同的方法来拼搭。”玺玥听了老师的话，拿起城堡的图纸，又开始进行拼搭了。

玺玥在玩图形拼搭的游戏

镜头二：这次玺玥挑战了更高难度的拼搭，尝试用10种不同的方式完成城堡的拼搭。只见玺玥直接拿起一块蓝色的积木放到图纸上，之后她如法炮制，没一会儿就把城堡拼搭完了。“老师，你看我完成了！”“哇，你真厉害，你可以试一试其他9种方法，看看能不能都完成。”于是玺玥开始第二种拼搭方法，游戏持续了40分钟，玺玥一直在挑战城堡的10种拼搭方式。

◉ **案例分析**

材料的层次性是指围绕同一个内容投放不同层次的材料，满足不同幼儿的发展需要。该游戏材料有3个不同难度等级，是根据幼儿的能力水平，按不同层级投放的。第一层级：能够根据图纸上的内容，将弄乱的各种图形复原成一个正方形。第二层级：使用10种不同的拼搭方式把同一图案拼搭出来。第三层级：按照图纸使用各种不同的拼搭方式，拼搭正方体。《3—6岁儿童学习与发展指南》指出：幼儿的发展是一个持续、渐进的过程，同时也表现出一定的阶段性特征。每个幼儿在沿着相似进程发展的过程中，各自的发展速度和到达某一水平的时间不完全相同。在此次的游戏活动中，幼儿已经能够完成第一层级，所以我们可以让她挑战更有难度的内容。当幼儿能够完成前面的内容时，我们可以让幼儿挑战更高难度的，如用10种不同的方法拼搭同一个图案。在这套材料中，幼儿在拼搭和摆弄的过程中能够感知整体与部分的关系，同时从第1种方法到第10种方法从易到难，具有挑战性，让幼儿不断挑战自我，获得成就感。因此，同一材料在数学区中，需要提供不同层次的玩法，才可以满足不同发展水平幼儿的操作需求。

（苏州市吴江区八都幼儿园　庄蜜）

第六章 观察为基　有效互动

——数学区活动实施与指导

本章简介

数学区活动的实施与指导是指教师将适宜幼儿学习的目标和内容以活动材料的方式呈现给幼儿，以幼儿为本，遵循幼儿的年龄特点和发展需求，认真观察与分析幼儿的游戏行为与表现，进行针对性的指导，以促进不同年龄段幼儿在数学区的深度学习。本章节结合具体案例详细地阐述了数学区活动实施与指导的原则、环节与要求、策略，围绕数学区的四个环节分年龄段梳理了案例，为教师实施与指导数学区活动提供了参考依据。

思维导图

- 数学区活动实施与指导
  - 数学区活动实施与指导概述
    - 数学区活动实施与指导的原则
    - 数学区活动实施与指导的环节
  - 各年龄段幼儿数学区活动实施与指导的策略
    - 一般性策略
    - 年龄段策略
  - 数学区活动实施与指导案例
    - 选区和计划环节案例
    - 活动环节案例
    - 整理环节案例
    - 分享反思环节案例

第一节 数学区活动实施与指导概述

幼儿获得数理逻辑知识，不是从客体本身而是通过摆弄它们和在内心组织自己的动作获得的。在数学区活动中，幼儿能从不同的起点，按不同的要求、不同的发展速度自由自主地学习。但是，这绝不意味着数学区活动的实施与指导是轻松的。数学区活动的实施与指导要求教师具有较高的专业水平，在充分熟悉各年龄段幼儿数学学习和发展基本情况的同时，还应善于观察，能够准确地诊断与分析幼儿活动中的问题与行为表现，及时给予适宜的指导和有效的互动，从而真正促进幼儿在数学区中数学能力的发展。

一、数学区活动实施与指导的原则

数学是一门逻辑性很强的学科，具有精确性、抽象性和逻辑性等特点。蒙氏数学教学法认为幼儿学习数学是通过对各种材料大量、反复的操作，从“数动作”发展到“数概念”的，也就是说幼儿建构数学经验的过程就是他们与数学区环境和各种材料之间的相互作用的过程，其经验是在主客体的相互作用中获得的。

（一）小班数学区活动实施与指导的原则

1. 操作性原则

数学是富于抽象性和逻辑性的，而小班幼儿的思维以直觉行动思维为主，他们对数概念的掌握还处于动作感知阶段。幼儿的数学学习是建立在幼儿对具体物体充分感知和操作体验之上的，幼儿只有在不断地探索中才能逐步建立数概念，培养幼儿的思维能力。如果教师只注重结果的获得，而“教”给幼儿很多，实际上就剥夺了他们自己获得发展的机会。因此在小班数学区的实施与指导中，我们应从小班幼儿的思维特点出发，正确把握这个关键期，为幼儿创设能充分满足幼儿自由操作、探索的活动区域，为幼儿提供具体、形象、直观的数学材料，让幼儿在数学区中乐于操作、不断探索，从而建构各种数学知识。

例如，在小班幼儿学习点数物体数量的操作中，我们可以准备具体的实物或形象生动的卡通图案和代表不同数量的点卡，请幼儿点数身边的事物，如几朵小红花、几颗糖果、几根冰激淋棒等，在具体的操作中学会手口一致地点数，并尝试用相应的点卡表示数量。

2. 趣味性原则

数概念对于小班幼儿来说是比较枯燥和难以理解的，为了帮助幼儿更好地理解、掌握数概念，可以抓住数学区自由开放的特点，在数学区创设一些生动有趣的游戏情境来吸引幼儿进行活动，投放符合小班幼儿认知水平的具体形象的操作材料，激发幼儿学数学的兴趣，提升幼儿对物体大小、形状和数量的研究兴趣。

例如，小班幼儿在探索物物匹配的过程中，教师可以创设给不同的“小动物”喂食的游戏情境，增强操作的趣味性，激发幼儿的操作欲望。让幼儿在给“小动物”喂食的过程中，根据“小动物”嘴巴的形状去喂食相同形状的“食物”，从而巩固对不同形状的认知，懂得物物匹配。

3. 丰富性原则

小班幼儿年龄小，喜爱模仿。在数学区游戏时，如果一个幼儿选择了一种游戏材料，其他幼儿看到后往往也会想一起玩，因此应保证向数学区里投放的材料数量充足，以避免幼儿争抢玩具的现象。另外，丰富有趣的数学材料还有助于激发幼儿的操作兴趣，增加游戏的续航力。

例如，小班幼儿在进行给小动物喂食的游戏时，教师应至少准备 3 种“小动物”，同时保证不同形状（圆形、三角形、正方形等）的“食物”数量充分，这样既能满足玩该游戏的幼儿反复喂食的需求，还能让其他想玩这个游戏的幼儿加入游戏，避免了争抢。

（二）中班数学区活动实施与指导的原则

1. 生活化原则

数学来源于生活，我们每天接触到的各种事物都会和数量、形状、空间有关，因此数学在人们的现代日常生活中的作用也愈显重要，但从数学知识本身的特点看，对于很多抽象的数学知识，如果不借助具体事物，幼儿就很难理解，现实生活则为幼儿提供了通向抽象数学知识的桥梁。因此，教师要善于发现生活中的数学问题，并将发现的数学问题与数学区活动有机结合，用幼儿熟悉的物体和生活中的问题去设计数学游戏，让幼儿在游戏中学习到生活中的数学知识，并尝试运用已有的数学经验解决生活中的某些问题，体验数学的乐趣。

例如，教师在设计数学区域活动的时候可以在数学区中投放一些幼儿从家里收集来的纸杯、玩具电话机等幼儿熟悉的材料，引导幼儿玩纸杯叠叠乐、打电话的游戏，这样能很好地将数学学习与生活结合，激发幼儿学习的兴趣。

同时，还可以设计一些与幼儿生活息息相关的问题，比如针对“看电影我们要按座位号入座”这一生活问题，我们可以设计“动物电影院”数学游戏，引导幼儿根据座位表找到动物们对应的座位。

2. 层次性原则

教师应当认识到幼儿是独立的个体，是正在发展中的个体，其具有发展的潜能，其发展水平和速度存在着个体差异。即使处于同一年龄段的幼儿，现有的发展水平也存在差异，所以教师在开展数学区域活动时要尊重幼儿的个体差异，为幼儿提供不同层次的数学材料，鼓励幼儿选择适合自己的材料，使每个发展阶段的幼儿都能获得充分的发展，并适时引导幼儿向下一发展阶段过渡。

例如，引导幼儿探究排列规律时，教师可提供难度不同的规律卡片，如 ABAB、AABB、ABBABB、ABCABCD 等规律。能力较弱的幼儿可以选择先练习简单的 ABAB 规律，而能力较强的幼儿则可以选择高难度的 ABBABB 规律卡片或者通过自己设计卡片来探究规律。

3. 灵活性原则

幼儿园数学区游戏活动的开展是多元的，教师在进行数学区活动的实施与指导时，要善于观察幼儿，在观察了解的基础上适时适度地采用灵活多样的指导方式。如果教师只是采用单一化的方式对幼儿进行介入指导，这必然会影响数学区活动开展的质量和效果，不利于实际活动的质量提高。按照灵活性原则进行指导落实数学区活动开展，结合游戏类型、幼儿的个体差异以及特征进行针对性的介入指导，能够促进幼儿积极参与数学区活动，提高数学区活动的整体质量。

例如，当发现部分幼儿在数学区活动中总是玩某几样游戏材料时，教师要针对幼儿的数学能力以及行为表现采用灵活性的指导方式。如果游戏材料太难，幼儿不会玩，教师可以采用提问、制作游戏规则板、参与式介入、语言介绍等方式帮助幼儿产生对游戏材料的兴趣；如果由于游戏材料投放了一定时间，幼儿对此失去了兴趣，那么作为教师需要引导幼儿和教师一起开动脑筋，挖掘材料功能，开发新玩法，同时，可提供高层次的游戏材料，进一步引导幼儿探索，促使每个幼儿在原有水平上都能得到发展和提高。

（三）大班数学区活动实施与指导的原则

1. 开放性原则

数学区是具有操作性、探索性的区域，教师要尽量让幼儿自己去学，自己去寻找答案，不要过多干预。当幼儿对某种材料束手无策或遇到困难时，教师的指导要把握一个“度”，不要急于将正确方法抛给幼儿，而是要提供帮助，引导幼儿思考，让幼儿自己探索；当幼儿的操作方法出现错误时，教师也不能一味否定，可以通过一些开放性的提问让幼儿认识冲突产生的原因，让他们对这个问题作进一步思考，通过探索来发现自己的错误。

例如，幼儿在尝试制作钟表的游戏中，把钟面上的数字都挤在一起，而整个圆空了一大格子时，教师可介入提醒道："你画的钟和生活中的钟是不是一样的？钟面上的数字应该怎么排列呢？什么方法能更快地对齐数字？"通过这样的开放性提问，让幼儿进一步观察钟面上数字的排列特点，动脑思考，结合已学过的知识，如等分、对称、顺数、排序等，再进行制作活动。

2. 递进性原则

数学是具有逻辑性和抽象性的，数学的学习应是系统性的学习，因此幼儿数学知识的建构也应是阶梯式的，是逐级建立起来的。随着幼儿年龄的增长、经验的丰富，幼儿所建构的数学知识也不断得到充实和拓展。因此，教师应考虑到不同年龄阶段幼儿的特点，为班级幼儿设计递进性的活动，让幼儿在由易到难、由简单到复杂的数学操作中建构丰富、全面的数学经验。

例如，小班提供的分类材料都是同一形状、不同颜色的，以保证幼儿分类时不受干扰；中班的分类活动材料就应增加一定的难度因素，提供的材料应同时具有多种特征；而大班的分类活动材料则应根据幼儿的年龄特点，以拓展思维为主，避免出现难度和中班一样，没有提升的现象。

当然，以上原则对于各年龄段的数学区的实施与指导都是适用的，只是针对小、中、大班的特点做了不同的侧重。

二、数学区活动实施与指导的环节

数学区活动的实施与指导一般分为选区与计划、游戏导入、游戏操作、收纳整理及分享反思五个环节，每个环节所需的时间及教师的主要指导内容都有所不同。

（一）选区与计划环节

本环节又可分为选区阶段与计划阶段。

1. 选区阶段

选区是指幼儿在教师创设的宽松自主的环境中，根据自己的兴趣、经验和需求，自主选择某一活动区进行活动的过程。实践中，一般有三种选区方式：一是利用晨间幼儿来园的时间提前让幼儿进行区域选择；二是利用活动开始前2—3分钟进行区域选择；三是利用离园前的时间进行第二天区域的选择。

其中第一、第二种方式能够较好地保证游戏时间不被选区时间耽误，但第三种选区方式可能会导致幼儿记不得昨天选择的区域，特别是小班幼儿。本书更推荐第一种选区方式。因为早上来园时间比较充足，方便幼儿慢慢思考自己今天要在哪个区域玩，还可与教师一起交流沟通。

（1）插卡选区法。

插卡选区是在具体选区操作时常用的方法，被许多教师采用，结合实践效果和思考，我们对原有的插卡选区法进行了改进，现将不同年龄班的插卡选区法调整前和调整后的效果呈现供参考。

起初，我们在小班用图画的形式表示不同的区域，将不同的区域放在同一处让幼儿进行选择，但对于小班幼儿来说，在同一处选区容易造成混乱，有的幼儿记不住哪个图片代表哪个区域，有的幼儿选择了该区域但又去别的区域玩了，因此浪费了很多时间，以及幼儿会因为忘记所选择的区域而经常跑来跑去，从而不能深入地进行游戏。

小班插卡选区（调整前）

在发现幼儿选区难的问题后，我们对插卡选区进行了一次调整。

我们将幼儿的区域牌按小组放在一处，当幼儿选区时，找到自己的选区牌，选择自己要去的区域，并贴在区域附近，这样幼儿能清楚地知道自己去的是哪个区，其他幼儿也能进行“监督”，知道谁是在这个区域游戏的。同时，幼儿乱走的情况也大大减少了。

小班插卡选区（调整后）

中、大班选区方式也有所调整，之前是每天进行选区，当天整理送回，第二天重新选区。这种选区方式使得教师无法记录、分析幼儿的区域活动痕迹。

之后我们进行了调整，教师准备好一周的选区牌，幼儿每天选区后不用整理送回；幼儿做好简单的记录，最终的结果即一周选区情况就能清晰地呈现在教师面前。幼儿能知道这一周玩了什么，老师也能根据幼儿的选区结果对幼儿进行分析、引导。

中、大班插卡选区

（2）利用选区促进幼儿学习。

教师可利用选区阶段促进幼儿在数学区的深度学习。具体做法有：

① 可以在选区前和幼儿简单聊一聊喜欢或不喜欢玩数学区里的哪些游戏，了解幼儿的游戏感受和想法以及遇到的问题等。

② 针对不同年龄段的幼儿适时介入，引导幼儿学习。

小班：这一年龄段的幼儿的行动目的性不强，很多活动都是无意行为，往往是先做再想。因此对于一些不会主动选择活动区、没有事先选区就去游戏的幼儿，教师首先要理解这是由幼儿的年龄特点决定的，再通过提问、暗示、建议、行动示范等方法来培养幼儿行为的目的性，并在活动中反复实践使之强化。

中、大班：由于幼儿的有意行为逐渐出现，目的性增强，中、大班大部分的幼儿都能自主选择自己喜欢的活动。面对没有做出选择的幼儿，教师不要急于要求这些幼儿进入某一区域，而应该先安抚幼儿的情绪，了解幼儿的想法。如果幼儿是因为情绪困扰，可以通过谈话的方式疏导幼儿的情绪，也可以用有趣的材料来吸引幼儿；如果幼儿是因为对区域活动不感兴趣，可以采取建议、提示、邀请的方法引导幼儿进入区域活动，让同伴的情绪来带动他。

针对班级里重复选其他区域而不选数学区进行活动的幼儿，教师切忌强迫幼儿换区，可以通过一些巧妙的策略来引导。教师可以先观察分析，了解幼儿喜欢该区域的原因，观察其游戏水平，利用幼儿的兴趣点和同伴的邀请使其对数学区产生兴趣。同时根据班级里幼儿的选区情况，反思部分幼儿对数学区不感兴趣的原因，及时调整与更新游戏材料，激发这些幼儿对数学区的兴趣。

2. 计划阶段

幼儿选择进入数学区后，首先要完成的是做好数学区活动的计划。这一阶段决定着幼儿在数学区活动的有效性，能够在很大程度上帮助幼儿明确进区的目标，避免幼儿进区后无所事事，促进幼儿参与活动的主动性；也能帮助幼儿在进区后快速选择游戏材料、确定玩伴，充分利用区域活动时间，培养有计划地做事情的良好习惯及能力。

在引导幼儿做计划前要让幼儿了解如数学区域活动的时间、数学区里有哪些材料、可以进行哪些游戏、应如何使用这些材料、如何参与这些数学活动、可以选择的同伴数量、活动的地点等信息。针对小、中、大班不同年龄段幼儿的特点引导其做不同形式的计划。

小班：小班幼儿年龄小，做事缺乏一定的计划性，很多幼儿对自己进区后要玩什么、怎么玩是不太明确的。教师可通过介绍数学区里的新材料、新玩法来激发幼儿操作的兴趣，引导幼儿说一说自己进入数学区想玩什么，鼓励幼儿口头做好初步活动计划，保证进区的有效活动，同时教师也可帮助小班幼儿进行简单记录。

中班：中班幼儿各方面能力有了一定的提升，可通过提问，启发幼儿思考，如今天玩什么、怎么玩等问题，在进行口头计划的基础上尝试进行书面计划，引导幼儿通过绘画的形式将计划记录在区域计划表上。在做计划时，有的幼儿通过两两协商，在计划表上绘制出相应的游戏材料，表示即将开展的活动内容，同时还在旁边画上两个人，表示要与同伴一同进行该项活动；有的幼儿则独自进行计划，将自己所要选择的活动内容绘画在计划表上。

大班：随着幼儿年龄的增长，大班幼儿的表征形式更为丰富，做计划的形式也变得多样，除了可以引导幼儿画下自己想要玩的游戏材料，还可以画出不同的玩法、玩伴，游戏结束后还可以将此次游戏情况（是否完成）记录在计划表上。

（二）游戏导入环节（2—5 分钟）

游戏导入环节是游戏前的集体谈话活动，可以很好地激发幼儿对游戏的兴趣，巩固幼儿对数学区游戏规则的认识，帮助幼儿丰富游戏经验，拓宽游戏想法。一般情况下，游戏导入环节控制在 2—5 分钟，也可根据实际情况适当延长。具体做法有以下几点。

游戏导入环节

（1）教师可以进行新材料的介绍，引导幼儿了解新材料的玩法，激发幼儿探索新材料的热情，引导幼儿一物多玩。比如，在小班数学区，投放不同颜色、大小的圆形材料，引导幼儿根据颜色、大小分类，也可以按照简单的规律进行排序游戏。

（2）教师还可以介绍数学区里被冷落、被忽略的材料，激发幼儿进一步探索操作的兴趣，创新玩法。比如，当小班数学区的钓鱼游戏无人问津时，教师可以创设情境；通过给小动物送规定数目的小鱼等情境，来激发幼儿继续操作的兴趣。

（3）教师和幼儿可以一起讨论活动中需要注意的点，可根据以往数学区游戏经验谈一谈，如人数的问题、材料拿取的问题等。

（4）教师可以结合幼儿的经验水平，和幼儿一起回顾在上一次游戏中遇到的问题，探讨在这次游戏中的解决策略，鼓励幼儿在游戏中运用策略，解决之前的问题。

（三）游戏操作环节（30—40 分钟）

游戏操作环节是幼儿建构知识经验、实现自己计划的过程，以幼儿的实践操作为主。这一环节教师的主要任务是观察、记录、引导、反思。游戏操作环节的持续时间是相对弹性的，可以根据幼儿对操作材料的兴趣程度和游戏氛围来决定，一般为 30—40 分钟：小班游戏时间为 30 分钟，中班为 30—35 分钟，大班为 40 分钟。在游戏操作环节，教师应做好以下几点。

（1）观察幼儿对数学材料的感兴趣情况，根据实际情况适当调整材料。例如，看看幼儿对数学材料是否感兴趣，是否会玩；看看哪些数学材料幼儿不感兴趣并向幼儿询问原因，及时调整、优化。

（2）观察数学区投放的材料是否能满足幼儿的需求，是否能支持幼儿游戏，是否具有主题性、操作性、游戏性，是否简单、方便、耐用，是否运用了自然材料。

（3）观察数学区的划分是否合理，幼儿在拿取游戏材料、进行游戏时是否方便、快捷。

（4）观察幼儿的游戏能力，根据幼儿能力的强弱，调整游戏材料的难易程度和支持策略，引导幼儿利用不同层次的材料进行游戏。

（5）观察幼儿在进行数学操作时是否遇到困难，是否长时间重复机械动作，是否无所事事等，及时介入，巧妙引导。

（四）收纳整理环节（5—15 分钟）

幼儿在这一环节中主要根据所玩游戏材料的标记进行对应的收纳，物归原位，保证该区域桌面、柜子的整洁。小班：10—15 分钟，小班幼儿能力相对较弱，在整理环节需要教师适度帮忙。中班：10—15 分钟。大班：5—10 分钟。中、大班可根据班级实际情况以及幼儿整理能力的提升，适当缩短时间。教师在收纳整理环节应做好以下几点。

（1）教师可以通过播放音乐引导幼儿在听到音乐后将游戏材料放回原位。

（2）教师观察整理情况，思考整理标识是否设置合理，整理环节是否会对幼儿造成困扰。小班可采用照片、图片的形式，如直接拍摄游戏材料照片，使用对应的形状、颜色等图片。中班可使用幼儿画的“图示和数对应”的标识，如对应的颜色、点数等，还可以渗透高矮、规律排序等数学知识。大班可渗透一些学习过的数学知识，采用有逻辑性的问答形式做标识，如时钟的整点、半点，以及有关单双数、分成、合成的题目等。同时，可邀请值日生去检查幼儿的收纳整理情况。

（3）对于能力较弱的幼儿，允许其适当延长整理时间，或请能力强的幼儿给予帮助和指导。

（4）若幼儿在整理时发生争吵，教师也需要适时介入，引导其正确解决问题。

（5）根据幼儿的年龄特点，逐步提高整理的要求，以不断提升幼儿的整理水平。小班时要求幼儿将游戏材料放回印有同样图片的游戏柜处；中、大班时可引导幼儿将盒子里的游戏材料叠放整齐。

（五）分享反思环节（5—10 分钟）

分享反思环节是指游戏结束时，教师和幼儿共同围绕此次游戏进行活动评价的环节。教师可以让幼儿分享自己在游戏中遇到的问题、解决的方法，发表自己的想法等，还可以借助游戏活动的照片、视频、作品等进行分享讨论，以促进下一步的生长点，帮助幼儿拓展游戏经验。

这一环节教师的主要任务是引导幼儿进行分享、总结评价，幼儿在讲述自己的经历的同时也能获得其他幼儿的游戏经验，学会更全面地思考问题、解决问题，不断提高游戏水平。一般情况下，分享反思环节时间大概在 5—10 分钟，大班可以相对延长。教师在分享反思环节应做好以下几点。

（1）引导幼儿回忆并说说在数学区玩了什么游戏，成功了没有；引导幼儿获得成就感，提高参与数学区游戏的兴趣。

（2）教师和幼儿共同探讨幼儿在数学区遇到的问题，寻找解决方法，巩固和提升幼儿的相关数学经验。

（3）给予幼儿分享的机会，出示观察时拍的照片，引导幼儿向集体展示并介绍自己的操作方法；肯定和鼓励幼儿的表现，提高幼儿数学区游戏和数学学习的积极性。（适用于中、大班）

（4）教师和幼儿共同进行总结性评价，鼓励幼儿进行自我评价，对整个数学区活动的效果进行评价，帮助调整和改进下一次活动。（适用于中、大班）

第二节 各年龄段幼儿数学区活动实施与指导的策略

如何开展好数学区活动？实施与指导活动的时候教师该怎么做呢？虽然不同年龄段的幼儿有不同的特点，但有些数学区活动实施与指导的策略是相通的。

一、数学区活动实施与指导的一般性策略

1. 创设宽松、和谐的数学区环境

幼儿在进行数学区活动时，需要运用数学思维进行操作，安静地思考，因此数学区应当避免与嘈杂的区域（如娃娃家、建构区等）相邻。教师可以通过矮柜、架子、挂饰等器具来对区域进行分割，为数学区创设相对安静的、宽敞的活动空间，以确保幼儿有足够的空间进行操作和独立思考，同时也要满足幼儿互相交流和小组学习的需要。

另外，数学区游戏材料较多且复杂，材料的摆放要方便幼儿在区域活动时自由拿取、收放，避免材料的混淆，还要有利于幼儿定期自主检查、整理材料。

2. 紧扣教学目标，设计适宜、有趣的数学区游戏

数学是一种高度结构化、有着内在逻辑关系的抽象符号系统，因此幼儿学习数学应具有一定的系统性和逻辑性。教师始终要围绕着教学目标，去设计与教学目标有关的数学区域游戏。所设计的数学区游戏既要能够与教学目标统一，又要能够激发幼儿的学习、操作兴趣。这就要求教师必须罗列并熟悉各年龄段幼儿的数学区目标，根据相应的数学区目标去设计适宜的数学区游戏。同时所设计的数学区游戏必须具有情境性、操作性，因为幼儿会很快对单一枯燥的游戏失去兴趣，以致达不到教学目标。

3. 提供丰富、形象、多层次的数学区材料

幼儿的思维主要以具体形象思维为主，在数学区中教师最主要的隐性指导策略就是通过材料物化活动目标，通过材料的层次性引导幼儿有序地开展活动，通过材料的调整引导幼儿的发展方向。

因此，数学区的活动需为幼儿提供丰富的游戏材料，数量不宜太多，也不能太少，避免幼儿争抢游戏材料和无游戏材料可玩。同时，还应提供生动形象、具体可操作的游戏材料，可以是幼儿喜欢的动物、水果、卡通人物等形象，让他们乐于操

作，通过“玩”数学，体验数学，获得有关数量、空间、几何、时间等方面的数学经验，学习运用数学知识解决生活问题，体验数学的重要性和有趣性。

此外，幼儿的发展存在个体差异，因此教师还应为班级里不同发展阶段的幼儿提供多层次的数学区材料，供幼儿自主选择。

4. 建立必要的数学区游戏规则

区域规则的建立是区域活动开展的重要保障，建立必要的数学区游戏规则，可以保证幼儿充分、自由地操作，形成良好的学习习惯，提高数学区游戏的有效性。当然，规则的建立需要过程。

例如，在整理数学区游戏材料时，初期教师需要帮助幼儿检查；到了后期，教师要指导幼儿学会自己检查。每次活动后，教师可以组织全体幼儿观察材料的收放情况，如游戏结束后看一看材料是否齐全，有没有收纳到位。对幼儿收纳到位的行为给予奖励，这既可强化幼儿的收纳规则意识，还能有效避免材料的混淆，确保每次活动的正常开展。

二、数学区活动实施与指导的年龄段策略

（一）小班数学区活动实施与指导的策略

小班幼儿注意力集中时间较短，兴趣容易转移，问题解决策略还相对贫乏，活动中仍依赖成人的帮助和指导。该年龄段幼儿的思维以具体形象思维为主，抽象逻辑性萌芽，因此，数学的学习更多需要在游戏中体验和感知，激发幼儿参与数学游戏的兴趣、增加幼儿游戏的成就感是教师指导的重点。

1. 用情境性策略激发幼儿游戏兴趣，帮助幼儿理解活动玩法

小班幼儿的思维能力初步发展，学习数学应以萌发兴趣为主，教师应利用生活和游戏中的真实情境，激发幼儿参与数学活动的兴趣，培养幼儿喜欢数学的情感、态度。教师可以用情境性策略鼓励幼儿参与游戏并表述自己的操作过程，增加游戏情境性。教师可以将游戏的操作步骤和操作方法编成朗朗上口的儿歌，让幼儿在游戏中边唱儿歌边操作，或利用情境性的语言提示幼儿游戏的要求，帮助幼儿自我指导、调整自己的操作，还可以鼓励幼儿边操作边说，用情境性语言进行自我提示。

例如，为了提高幼儿对图形的认知能力，可以通过幼儿感兴趣的小汽车来设计“停车场”游戏，在小汽车模型上画上不同的图案，引导幼儿根据图案寻找相应的“停车位”，最后将小汽车模型停好。在游戏中，幼儿不仅加强了对图形的认识，也感受到了数学游戏的乐趣。

2. 用逐步引导策略为幼儿提供游戏支架，帮助幼儿获得数学经验

幼儿的数学学习具有很大的差异性，教师要关注幼儿在操作过程中的表现以及

学习方式的差异。针对能力较弱的幼儿，教师要有降级分步的引导，通过一步一步地引导逐渐帮助幼儿获得数学经验。教师一次只提出一个要求，帮助幼儿聚焦自己的操作，利用逐步引导策略为幼儿的操作提供适宜的支架，帮助幼儿完成游戏，获得完整的经验。

例如，在引导小班幼儿进行迷宫游戏时，教师可以先鼓励幼儿扮演小兔子去送水果，引导幼儿进入给其他小动物送水果的游戏情境，鼓励幼儿戴上小兔子手偶，拿上小篮筐；接着在幼儿走到第一个房子处时，鼓励幼儿观察房子上的点数是多少，所需要的水果是什么，从而引发幼儿去小篮筐里拿对应数量的某种水果；再引导幼儿继续往前走，通过这样一步一步地提示，帮助幼儿成功到达终点，建构完整的经验。

3. 用及时评价策略积极反馈幼儿操作，提升幼儿持续游戏的兴趣

小班幼儿自我意识的发展更多地依赖成人对自己的评价，教师及时且积极的评价可以吸引幼儿参与游戏。在操作过程中教师及时且正向的反馈可以激发幼儿进一步游戏的兴趣。因此，活动中，当幼儿取得小小的成功或有进步的时候，教师可以及时用奖励的方式来反馈幼儿的学习，从而激发幼儿进一步参与活动的动力，让幼儿保持对数学游戏的兴趣，增加游戏的成就感。

（二）中班数学区活动实施与指导的策略

随着认知水平以及数学思维水平的发展，中班幼儿的数学学习内容及操作要求更为多样和复杂，同时中班幼儿的记忆能力和任务意识还在初步发展之中，因此，在数学区的指导中，教师要关注幼儿的思维过程，关注幼儿对操作步骤的记忆以及任务意识和执行情况。此外，中班幼儿开始有合作的意识，合作游戏的能力初步发展，但合作的能力还较弱，缺乏和别人分工以及合作的具体策略，且容易受到外部因素的干扰。

1. 通过记录的方式，激发幼儿参与游戏的兴趣

中班幼儿的数学游戏内容相对于小班幼儿来说难度增加了，教师可以通过外在的手段引导幼儿积极主动地参与数学游戏。比如，教师可以有效地鼓励幼儿记录，让记录变成幼儿的一种自我奖励。如每玩一次数学游戏就在幼儿的记录单上贴一颗小星星等。借助激励性的记录方式，让幼儿体验到自我成就感，从而积极参与数学区活动。

2. 通过提问的方式，帮助幼儿在操作中理解获得经验

中班幼儿已具有一定的规则意识和思考能力。在幼儿的游戏过程中，教师要观察幼儿的操作，并根据幼儿的操作情况，运用提问的方式引导幼儿反思，突破自我既定的思维模式。提问的方式可以初步培养幼儿的分析和综合能力，帮助幼儿在操

作中反思自己的思维，帮助幼儿更好地理解数学，从而获得相应的核心经验。

例如，当幼儿在操作中遇到困难或出现问题时，教师不要急于指出错误，可以多给幼儿一些思考和自主探索的时间，同时教师可通过提问、间接指导、暗示等方式引发幼儿进一步思考、调整，培养幼儿独立思考问题的能力。

3. 通过示范的方式，明确合作规则，增强合作意识

刚开始进行游戏，幼儿可能没有合作意识，游戏中只顾自己操作，而不关注其他幼儿的活动。教师可以以游戏合作者的身份介入幼儿的游戏，通过教师和幼儿的示范游戏，帮助幼儿学习合作。教师可邀请幼儿一起玩游戏，让其他幼儿旁观，在玩的过程中帮助幼儿明确合作的方法、学习轮流游戏等。再请和教师合作过游戏的幼儿带动其他幼儿一起进行合作游戏，教师在旁边以裁判的身份进行指导，帮助幼儿进一步理解合作的规则，增强合作意识。

（三）大班数学区活动实施与指导的策略

大班幼儿抽象逻辑思维萌芽，自主意识和独立活动能力不断增强，幼儿在活动中能够独立地或与同伴共同活动，遇到问题也能自己尝试运用数学知识、人际关系的经验想办法解决。因此，在游戏中教师应减少直接指导，更多地利用间接指导的方式，给幼儿更多的自主、自由机会，让他们在自己的水平上选择活动，用自己的方式、以自己的步调进行尝试性学习，让幼儿的自主性得以充分发展。

1. 观察指导策略，关注幼儿整体能力的发展

在幼儿活动的过程中，教师注意观察幼儿的操作动作、神态甚至表情，了解幼儿不同的表现，有助于教师给予幼儿有针对性的指导。对于大班幼儿，教师可以更多地作为活动的旁观者观察幼儿的活动，了解幼儿的活动过程。教师观察指导的重点包括以下两点。

（1）观察幼儿数学知识的习得及数学过程能力的发展。

数学区活动的重要功能之一就是帮助幼儿在动手操作、游戏化的过程中获得数学知识，包括幼儿对数量关系的理解、对空间几何概念的感知。数学区活动不仅能让幼儿直接获得一定的数学知识，还应让幼儿在操作中发展数学过程能力，如表征、交流、问题解决等。

（2）观察幼儿其他方面的学习与发展情况。

幼儿园各区域的划分是相对的，在区域活动指导中教师要关注幼儿学习和发展的整体性，活动的指导不能局限在数学领域，而应通过数学区活动的指导渗透多领域经验的获得与发展。如数学区活动中有时需要幼儿用说明性语言进行解释，有时还渗透规则、交往、合作等社会性发展的学习。对于大班幼儿来说，重点学习与发展的是小组合作游戏、协商解决问题等相关经验和能力。如在竞赛类的游戏中，幼

儿需要学会通过各种协商的方式（石头剪刀布、黑白配、口头协商等）确定每个幼儿在游戏中的角色，从而友好公平地游戏。

教师要关注幼儿在数学区活动中获得的数学知识与技能，还要重视伴随数学学习过程的品质的学习与发展。如积极参与活动的态度、良好的学习习惯、操作中体现出的各种学习方法和策略等，幼儿操作时的专注力、毅力、创造力、独立性、反思调整能力、自我挑战精神等的学习与发展，这些都需要教师特别关注并加以指导。

2. 追问指导策略，有针对性地推进幼儿发展

在数学区活动指导中，追问也是重要的指导策略。对于大班幼儿来说，一方面，教师通过追问可以进一步了解幼儿，为有针对性的指导做准备；另一方面，通过追问可引发幼儿进一步思考，激发问题意识，促进幼儿数学思维的发展。如在“编应用题”游戏中，幼儿看图编出一道题，老师可追问：“你能用另一种方法编题吗?”“你为什么这样编?”再如“看标记排序”游戏中，教师提问：“你为什么要在这儿摆上黑棋呢?”“你还能用什么方法排出一张新的图纸呢?”等。在数学区活动中，对于幼儿的操作，教师不能单凭观察到的现象进行猜测，就做出简单的判断、进行干预性指导，还需要通过追问了解幼儿的想法。因此，在数学区活动指导中，教师要通过追问了解幼儿的想法并判断其当前发展水平，在此基础上根据每个幼儿发展的不同需求进行有针对性的指导。

3. 互动指导策略，让幼儿在挑战中发展

大班数学区活动中，教师适度地与幼儿互动，既能激发幼儿参与活动的兴趣，促进幼儿积极思维的发展，又能通过提醒、提示等方式进行指导。在数学区活动中，教师可以以幼儿的游戏对手的身份参与游戏，让幼儿与“高手”对招，从中获得有益的、高水平的思维方式和策略。如教师和幼儿一起下棋，可以帮助幼儿积累走棋的策略，让幼儿学习先思考每做出一个决策可能会产生的后果，再有意识地做出决定，加强幼儿在活动中运用策略的意识。

在数学区活动中，教师还可以做幼儿游戏的顾问、合作伙伴，给幼儿出难题，提出挑战；给幼儿出主意，并向幼儿说明这样做的理由，拓宽幼儿思维的角度。如在“五子棋”游戏中，在一方的棋子马上就要完成三连前，教师在关键时刻提醒另一方：“看看他的棋马上要怎么样了？你下一步应该怎么下?”

4. 自主讨论策略，从幼儿经验出发共建规则

大班幼儿已经具有一定的游戏经验，具备创造性地利用游戏材料进行学习、活动的基础，因此，对于这个年龄段的幼儿，在数学区活动中，教师可以提供材料，让幼儿猜测游戏的玩法，制订游戏的规则。如在“种花”游戏中，教师提供棋盘和各种颜色的雪花片，幼儿可以按自己制订的玩法进行游戏。

此外，对于数学区域的活动规则，可以让幼儿自己提出材料摆放规则及为什么要这样摆放等。当提出的规则较多时，教师可引导幼儿进行讨论选择。如大班数学区内容多，幼儿需要明确每种材料的收纳要求，幼儿在讨论中了解到游戏材料可以按活动的类型分层收纳，如数量游戏、空间游戏、时间游戏等，幼儿可以根据对游戏的理解记住收纳的位置。在幼儿理解了这样收纳的理由后，完成每次游戏后都会将所用材料按照活动的类型收纳到相应的材料柜中。和幼儿共建游戏规则，不仅能使他们遵守规则的意识不断增强，还能发展幼儿根据区域活动的需要不断地提出、完善规则的能力。

第三节　数学区活动实施与指导案例

一、选区和计划环节案例

1. 介绍游戏新玩法（小班）

◉ 案例描述

最近，教师在数学区投放了从玩沙区找到的鹅卵石，制作了一份“小乌鸦爱喝水”的游戏材料。幼儿对于材料已经有一定的了解。教师在游戏中观察到，一部分能力较强的幼儿可以很好地完成全部操作，逐渐对游戏材料失去了兴趣，而另一部分能力相对弱的幼儿，对如何正确投放石头的数量还存在困难。于是教师对游戏玩法进行了一次新的升级。

“小乌鸦爱喝水”的操作材料

在游戏开始前，教师将鹅卵石展示出来请幼儿观察这些鹅卵石的大小。

教师展示鹅卵石

“老师最近发现了一件有趣的事，你们看看鹅卵石的大小有没有什么不同？”

凡凡说：“有大的，也有小的。”

“对的，篮子里的石头大小不一样。老师最近在小乌鸦的杯子上画了代表大和小的记号，你们来猜猜哪个是‘大’，哪个是‘小’。”教师将新的记号展示给幼儿，并介绍如何玩。画了代表“大”的记号的杯子需要装大石头，画了代表“小”的记号的需要装小石头。在讲解完新增的玩法后，提醒幼儿如果想挑战新的“小乌鸦爱喝水”游戏可以去数学区玩一玩。

◉ **案例分析**

教师通过在选区和计划环节向幼儿介绍升级后的玩法，吸引幼儿去重新挑战“小乌鸦爱喝水”游戏。但是也保留一部分原始操作材料，并将新旧两种杯子分开摆放，便于幼儿在操作时可以按照自己的想法进行选择。

小班幼儿在数学区材料的选择上偏爱有情境性的玩具。“小乌鸦爱喝水”是主题中的一个故事。幼儿有了故事情节作为前期经验，会更容易操作游戏材料，同时也增加了材料的可玩性。

对于小班幼儿来说，选择玩什么、怎么玩，能力较弱的幼儿还是需要教师来引导。在选区和计划环节，教师用语言去引导幼儿选择区域和游戏材料，可以更好地平衡区域内的人数和游戏材料的使用频率。

（苏州市吴江区坛丘幼儿园　唐钰芳）

2. 我的游戏计划（中班）

◉ 案例描述

区域活动开始了，幼儿一走到数学区就坐到了座位上准备先做计划。馨馨笑嘻嘻地说："我要玩地上的送快递的游戏。"说完，舟舟、彦彦、清清、宁宁、凡凡纷纷准备拿出记录纸和笔进行纪录。这时，馨馨对旁边的舟舟说："舟舟，我今天想玩地上的送快递的游戏，你呢？"舟舟说："我也想玩。"于是馨馨说："那我们一起记录一下吧！""好呀！"随后她也拿出了记录纸和笔，在纸上画了起来……所有幼儿都在认真地画着，清清画好了，对着旁边的宁宁说："我想玩'瓢虫找家'的游戏，你呢？"宁宁说："我想玩图形排队的游戏。""那我们一起去玩吧！"接着，数学区内的6名幼儿都画好了自己的计划表，然后把记录表和笔收起来了，去玩游戏了。

我的游戏计划

◉ 案例分析

此次做计划的过程中，6名幼儿都能想好今天在数学区想要玩的游戏内容，并尝试动笔画一画，可以看得出来幼儿都很认真，而且都有自己的游戏想法，也乐于和同伴交流想法。但是幼儿在游戏过程中是否按照自己的计划进行，这就需要教师多留心，幼儿的计划表不能单纯地当作他们记录的形式，教师要引导幼儿根据自己的计划进行游戏并且坚持下去，这才是计划的意义所在。

由于中班幼儿已有一定的表征能力，因此在数学区中教师可投放一些计划表请幼儿来到数学区进行记录，那如何设计计划表呢？这需要教师根据幼儿的年龄特点进行指导，设计的表格可以由易到难，逐层增加难度。比如，刚开始就可以和案例中一样，让幼儿简单地记录下自己想要玩的游戏内容，引导幼儿想好今天想要玩的游戏内容有哪些，然后试着用图画的形式表征出来。等到大部分幼儿会在游戏前主动进行简单的计划后，教师可适当调整计划表的格式，除了写出要玩的游戏内容之外，还可增加一些其他信息，如玩游戏的同伴、游戏的完成情况、玩游戏的日期等，进一步拓宽幼儿的经验。

（苏州市吴江区金家坝幼儿园　管靓怡）

3. 游戏大挑战（大班）

◉ 案例描述

今天开展本周的第3次区域活动，喆喆还是选择了数学区。进区后，他先来到“游戏大挑战”的计划表前，蹲下身找到自己的名字，手指沿着格子向右依次划过空白格子，然后停在了第12个游戏的位置，嘴里还嘀咕着：“这个我上次玩过了，都对了，这次我不玩啦！”然后手指继续向右滑动，又停在了第15个游戏的位置。“这个我上次也玩对了，今天也不玩了，我要玩其他的。”喆喆嘴里又嘀咕起来。用这样的方法，喆喆发现前两次在数学区一共玩了7个游戏，其中6个游戏都完成了，打上了五角星，游戏8的格子里有一个圈，说明没有全部完成。

“游戏大挑战”的计划表

喆喆来到材料柜前，选择了游戏3“加减运算”的材料，操作结束后，他邀请同在数学区的能力较强的一一小朋友帮忙检查：“一一，这个游戏我玩好了，你能不能帮我检查一下对不对。”一一很乐意帮这个忙：“都对啦，你可以去打钩和画五角星了！”于是，喆喆再次来到“游戏大挑战”的计划表前，在游戏3对应的格子里画上了√和☆。

随着区域游戏的结束，喆喆和数学区的幼儿都来到计划表前，在旁边的统计表上记录下自己今天游戏的数量。

◉ 案例分析

玩好一个游戏后，幼儿都要去“游戏大挑战”的计划表上记录游戏完成情况，完成用√表示，如果全部正确就在后面画上☆，如果有错误就画上○。在每一次的区域游戏结束后，幼儿都要去统计表上记录当天游戏的数量，进行游戏数量的统计。

每周结束时，教师将本周幼儿每天的记录进行汇总，形成新的记录表（大记录表）。从这个大记录表上，能清晰地看到幼儿本周一共玩了哪几项游戏材料，掌握程度如何，以及幼儿在哪些方面的能力较强，哪些方面还需要继续巩固。通过大记录表的直观呈现，教师可以了解个体差异，因人施教。比如，案例中的喆喆在空间方位、加减运算等方面都掌握得较好，但在长度测量上有所欠缺，教师可以着重关注幼儿这方面的能力发展。

根据大记录表上一周的情况可以清晰地看出幼儿对游戏材料的感兴趣程度，如幼儿都比较喜欢材料 3、12、13 等，而没有人选择材料 5，那么教师就可以根据这个情况调整游戏材料，对幼儿们不感兴趣的材料进行改进，提高材料的利用率。

根据大记录表可以清晰地看出幼儿之间的差异，针对幼儿的个体差异，进行个别化指导。

（苏州市吴江区八都幼儿园　沈玲玲）

4. 制订游戏计划（大班）

◉ 案例描述

结合“我是农场建路师”的园本主题活动，教师投放了许多关于设计小路的数学游戏材料，包括大大小小、形形色色的夹子，利用这些夹子设计了“夹子找家”游戏：在纸板上写有算式，计算出纸板上的算式，就夹上相应的数的夹子。通过这个游戏，幼儿既学习了 10 以内的加减法，又在捏一捏、夹一夹中锻炼了肌肉的灵活性。另外，教师还准备了“对号入座”游戏的材料，游戏难易程度有递进性，操作材料具有一定的游戏性和趣味性，符合大班幼儿的特点，对提高幼儿对数字的敏感度有所帮助。

但我们发现幼儿对这些游戏材料不能保持持续的兴趣，有些幼儿玩一次就不玩了，有些玩到一半就放弃了。于是在游戏前教师便和幼儿讨论如何让游戏玩起来更有意思，更能坚持下去。通过讨论我们决定制作一张游戏统计表，比一比谁玩的游戏多，谁能坚持下去。

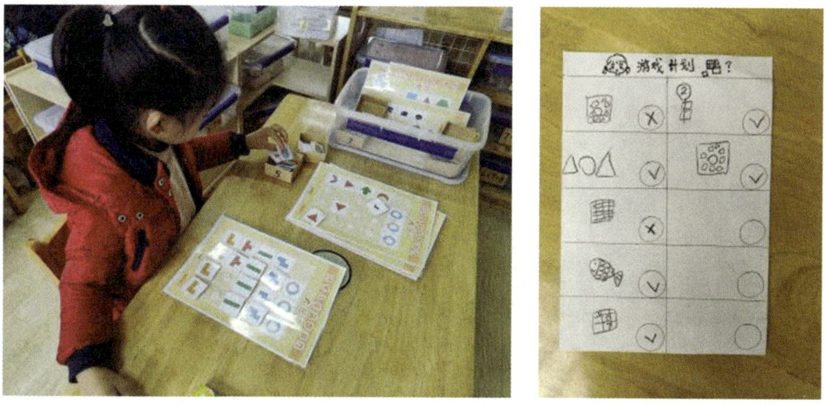

制作游戏统计表

◉ 案例分析

根据幼儿的发展水平、年龄特点、近期教学内容等因素选择合适的游戏材料是非常重要的。投放足够的数学区游戏材料可以让每个幼儿都有机会操作，但缺乏可玩性的材料会让幼儿在玩游戏时失去耐心。

增强数学区材料的可操作性与可玩性、激发幼儿活动的兴趣是教师的重要任务之一。材料投放一定时间后，幼儿往往会失去兴趣。如果将这类材料丢弃就有点浪费，因此教师可以投放有弹性的材料，即材料具有不同的难度，可以供不同水平的幼儿操作。

数学区的材料要定期更换，以保持幼儿的兴趣，促进幼儿的学习与发展。根据幼儿的年龄特点、不同时期的教学要求和目标，定期对数学区的材料进行更换及补充，以保证材料富有吸引力是非常重要的。

教师在评价中可以对幼儿对活动材料的操作情况进行点评，对幼儿在数学区中的进步给予肯定，让幼儿对数学的学习活动不断深入持久地开展下去。

（苏州市吴江区金家坝幼儿园　吴越）

二、活动环节案例

1. 数学区中的自然物（小班）

◉ 案例描述

数学区除了原有的各类游戏材料外，还投放了教师和幼儿共同收集的身边的自然材料，如石头、豆子等。凯凯拿出了一张树叶游戏卡，游戏卡上有5片树叶，上面写着5个数字，凯凯先点着数字说了一遍，然后他又取出一个装有豆子的小罐子，打开罐子并拿了1粒豆子放在了数字1的叶子里，紧接着又拿出2粒豆子放在了数字2的叶子里。凯凯速度很快，很快就说到了数字3。到最后一个数字5的时候，凯凯稍作停顿，把相应的豆子放好后，一边用手指指着豆子一边数数，验证成功后开心地笑了。

凯凯在玩“树叶游戏卡”游戏

教师观察到凯凯很快就完成了游戏，准备将游戏材料收起来，教师问道："还有哪些收集的新材料也可以加入树叶游戏卡呢？"一旁的晨曦转身拿出了几颗小石子，拿着一颗小石子比划着说："凯凯，你看，这颗小石子上面有数字2，我们也可以摆一摆。"只见晨曦坐了下来，用手指着树叶上的数字2，然后把刚刚找到的标有数字2的石头放在了上面，凯凯看到后也找来了别的带有数字的石头，一起加入这个游戏，进行摆放数字的游戏。

晨曦在玩"树叶游戏卡"游戏

◉ 案例分析

本案例中的树叶游戏卡一般是幼儿用数字小卡片进行操作的。由于教师投放材料时加入了与幼儿共同收集的自然材料，提高了游戏的趣味性。幼儿在游戏过程中自主选择游戏材料，通过不同的配对材料进行游戏。今天凯凯运用了豆子进行点数对应，能手口一致地点数5个以内的物体，并能说出总数，进行按数取物。

凯凯点数经验丰富，单纯的点数对于他来说有点单调且难度较低，他对游戏很快就失去了兴趣。教师专门引导幼儿观察并引入新材料，旁边的晨曦能够很快运用新的游戏材料，提出可以用标有不同数字的石头进行数字的对应摆放，而凯凯也能够跟上晨曦的想法，在游戏中加入了石头材料。

每一个游戏都可以有多种玩法，每一份材料也都能做到一物多玩。用不同的材料进行游戏，能丰富游戏形式，也能满足不同发展水平的幼儿进行游戏的需求。

教师在幼儿游戏时提出尝试新的游戏方法，这样的提示可以推动幼儿对游戏产生新的思考，助推幼儿选择新的游戏材料，拓展新的游戏方法，为幼儿的进一步发展提供机会。

（苏州市吴江区坛丘幼儿园　李鸣喆）

2. 分成游戏（中班）

◉ 案例描述

小米拿了分成架，对正在选择玩哪种分成游戏的悠然说：“悠然，我们一起来分吧，你分一个我分一个。”悠然看了一眼小米，没有答应，随后拿来了兔子分成架说：“我玩这个吧，我还不太会分成，老师说我要多练习练习。”

分成架和兔子分成架

小米在分成架旁边熟练地操作着绳子上的自然操作材料，按照1—9、2—8、3—6……的顺序依次往后分，很快就将剩下的几个数字都分完了，便将分成架送回去并开始玩另一种分成游戏。悠然拿出数字6的兔子模型，从盒子里数出了6个胡萝卜模型，在篮子左边放了4个，右边放了2个，嘴里念叨着6可以分成4和2。说完又将胡萝卜模型分成5个和1个；第三次分成3个和3个；第四次又分成4个和2个，刚读出来旁边的小米就说：“你刚才不是分过4和2了嘛，只能有一个4和2的分成。”

悠然立即将胡萝卜模型又合起来：“我忘记了，我还是用笔记下来吧，要不然一会儿又忘记我分了哪个了。”悠然拿出记录本，分一个记录一个，但由于没按照顺序分，每次操作时都要核对一下记录本，反反复复地操作，最后还是在小米的帮助下，按规律重新操作，才完成了全部分法。数字7的分成用了近8分钟，然后又自己继续进行数字8的分成。

◉ 案例分析

幼儿对于分成游戏是有一定的兴趣的，且对游戏能保持持久的关注。但也不难看出小米和悠然在这方面的个体差异明显。小米能熟练地掌握10以内的分成，且能按照有规律的方法进行数的分解，但缺乏记录的意识，未留下操作痕迹，且目前的分成材料对她而言没有任何挑战性，导致后面的游戏状态就有点平平了。而悠然对于分成的概念还处于将一个总数分成2个部分，且需要在固定的实物上操作，若没有实物则不会分成的水平，但能有意识地将自己的分成结果进行记录以核对检查也不失为一种自己的方法。结合在游戏中的观察以及幼儿游戏后的评价，教师建议将数学区投放的材料进行微调，首先将分成架的绳子侧边都放上数字，按照单双数分开，方便幼儿目测，其次投放多种形式的记录纸，供幼儿自主选择。

（苏州市吴江区八都幼儿园　盛雪艳）

3. 有趣的测量（大班）

◉ 案例描述

数学区原来没有投放有关物品测量的游戏材料，在开展学习测量种植地里的萝卜叶子的时候，幼儿都遇到了不同的困难，所以我们就把测量需要的一些材料进行收集，投放到班级的数学区中，便于幼儿在数学区参与相关的测量活动。

种植区里有两种萝卜：红萝卜和白萝卜。看了两种萝卜的叶子后，有小朋友提出了疑问：两种萝卜的叶子看着差不多，哪个比较长呢？最开始，幼儿你一句我一句，也没有说出具体的办法。后来幼儿就想到了可以用尺子来测量叶子的长短，再进行比较，就能知道哪个长哪个短了。

在幼儿实际操作的过程中，我们发现了一些问题。例如，阳阳拿着尺子对着叶子进行一番比划后，问老师：“这个白纸可以用吗？”在得到老师的允许后阳阳拿着两张纸对着萝卜叶子横比比竖比比，比好后把两张纸一上一下连接起来，变成更长的纸。两张纸接起来后，纸就比叶子长了，再加上尺子的帮助，就可以量出萝卜叶子的长度了。

幼儿在测量萝卜叶子的长度

◉ 案例分析

通过此次活动，我们知道了测量两个物体之间的长短时需要用到一些测量小工具，我们也在数学区投放了新的游戏材料，以便幼儿在游戏中体验到测量的成就感。

通过仔细观察与研究周围的游戏材料，引导幼儿运用自己的方法开展测量活动。阳阳在解决问题的过程中，大胆运用了自己的办法，量出了萝卜叶子的长短，学会了使用直尺测量物体。

在教师的引导中，幼儿能想到对物品进行测量，来得出自己想要的结果。在这个过程中，教师要鼓励和支持幼儿发现并尝试解决问题，体会测量带来的快乐。

（苏州市吴江区金家坝幼儿园　沈思佳）

三、整理环节案例

1. 层次性收纳提升幼儿自主性与自我挑战意识（小班）

◉ 案例描述

数学区游戏结束了，幼儿开始收纳操作材料，为了方便幼儿取放，在数学区使用操作篮一份一份地摆放材料，但操作篮的位置摆放出现了错误，豆豆看了看操作篮上的标记，开始调整操作篮的位置。第一个材料架上是简单的形状对应的材料，材料架上的“●”对应操作篮上的“●”，豆豆嘴里说着“绿色的圆形和绿色的圆形”，一边快速地将材料整理完成。第二个材料架上是颜色、形状对应的材料，材料架上的“■○”对应操作篮上的“●”，豆豆一边念着：“这是绿色的圆形，哦，在这里，在这里！”豆豆花了一些时间，慢慢地将第二个材料架上的材料全部对应整理好。第三个材料架上是三维的点数、颜色、形状对应的材料，材料架上的“3■○”对应操作篮上的“●●●”，豆豆拿起一个操作篮看了看，挠了挠头，跑过来说：“老师，这个怎么看呀？”教师对豆豆说：“你数数看，有几个圆形呀？”豆豆

材料架

伸着小手指数道：“1，2，3，有三个。”“那这是三个什么颜色的圆形？”“绿色！”豆豆立刻回答道。教师对豆豆说：“你可以完整地说一遍吗？有几个、什么颜色、什么形状？”豆豆一个字一个字慢慢地说道：“三个绿色的圆形！”然后蹦跳着去找材料架上的标记了，豆豆找到了对应的位置摆好后又拿起第二个操

作篮，上面的标记是“★★★”，豆豆看了好一会儿，说道：“老师，我没玩这些玩具，这里的玩具很难，是彤彤玩的，我去喊彤彤整理！”说罢便离开了。

◉ 案例分析

材料收纳是培养幼儿自主能力的重要环节，根据小班幼儿的教育目标、课程的推进情况等，在数学区的收纳环节巧妙渗透形状对应、双维度颜色形状对应、三维度数量颜色形状对应等数学经验。三段式的整理标记对应三种难度的数学游戏材料，层次性的投放尊重了幼儿个体差异性，且在潜移默化中提升幼儿挑战自我的兴趣。同时，引导幼儿在收纳整理的过程中回忆、巩固数学知识，感受数学的有用和有趣，提升思维能力，让“环境会说话”。今天的收纳环节，豆豆其实只玩了第一个材料架上的游戏，但他通过思考和寻求大人的帮助，将难度递进的第二以及第三个材料架上的操作篮也收纳正确了。虽然在整理第三个材料架时，豆豆最终放弃了，但对于他来说已经是一种进步，相信通过鼓励和分享，豆豆一定会慢慢地挑战自我。

（苏州市吴江区坛丘幼儿园　仲予芳）

2. 学会整理玩具（中班）

◉ 案例描述

今天桐桐选择了数学区游戏活动，她先从架子上拿了一盒材料，这些材料是根据小动物的样子匹配相应的图形。桐桐一边根据图纸上的提示，一边将相应的图形都贴入图中。一共有三道题目，没多久她就将所有题目都完成了。她将题目上面的答题卡一张一张撕下来，放回圆形铁盒中，盖上盖子，然后看了一眼盒里的标记，上面写了一个2。桐桐在架子下面找到了一个多种图形拼成的一辆小汽车，汽车上有“○有？个”，她看了看图形，然后将盒里的标识朝外，将盒塞了进去。

接下来桐桐又从架子上拿了一盒材料，是根据相应图形写数字电话号码的游戏。她一边点着题卡，一边根据上面的图形写出相应的数字。在她把所有题目都完成后，她用抹布将所有题目上的数字都擦干净。这次当她回到架子边，却怎么也找不到她原来放盒子的地方了。于是她找到教师说：“老师，有小朋友把盒子放错地方了。”她指着架子上的标记对教师说：“我这个标记是橙子，这里有7个橙子，那边有6个苹果。橙子多，所以我这个盒子应该放在这里，有小朋友放错地方了。”说着桐桐又把放错的盒子材料放到了正确的位置。

桐桐在整理玩具

◉ **案例分析**

《指南》中指出4—5岁幼儿能通过数数比较两组物体的多少。在今天的游戏中，桐桐玩了两个游戏。第一次收纳整理时，她根据标记上图形中间有多少个圆形，然后将写有数字2的盒子放了进去。在第二次收纳整理时，桐桐发现自己游戏材料的那个位置被别人占了。她还特地数了数物品相应的个数，还说出了苹果有6个，橙子有7个，橙子比苹果多。自己的游戏材料的标记是橙子，应该放这里，有小朋友放错位置了。可见该幼儿能够手口一致地点数物体的总数，并能够比较两个数量的多少，得出相应的结论。最后她不仅将自己的盒子放回正确的位置，还将其他幼儿收纳错误的盒子也放回相应的位置。可见该幼儿的数学感知能力较强，两次都能够正确地将自己所拿的物品归还到相应的位置。

（苏州市吴江区八都幼儿园　庄蜜）

3. 如何将材料收拾整齐（大班）

◉ **案例描述**

睿睿在玩“数一数”游戏时，提醒收纳材料的音乐响起来了。他对旁边的婷婷说：“我们把贴好的数字都撕下来放进盒子里吧！”于是他和婷婷一起把刚刚贴好的数字一个个撕了下来放进盒子里。婷婷先收拾好，她把自己的操作纸反着放进透明玩具盒里后便走了，睿睿也撕掉操作纸上的数字，他把所有数字图案都放进小盒子里后，关上小盒子的盖子，把它放进了透明玩具盒，随后再把桌面上自己玩过的两张操作纸一横一竖地逐一放进了透明玩具盒，看着非常混乱。

睿睿在整理玩具盒

这时，当天负责管理玩具的值日生晗晗开始检查了，他看到睿睿准备把这样的玩具盒放进柜子，马上制止道："这个玩具怎么这么乱啊？应该把操作纸叠整齐一起放进去的，最后再把小盒子放在操作纸上面。"说完他便把玩具盒重新放回了桌子上，只见他先把小盒子拿了出来，然后把所有操作纸按同一个方向叠整齐，最后再把小盒子放在操作纸上面。

紧接着，晗晗开始蹲下来，仔细对照玩具柜上的图标和透明玩具盒上的图标，一个一个认真检查起来……他看到错误后会把这些摆放错误的盒子拿下来，重新摆放到正确的地方。

◉ 案例分析

大班幼儿对收纳玩具已经有很多经验，在收纳整理环节能够懂得听音乐信号收纳玩具，并且通过合作把玩具材料收纳好，也懂得在收纳玩具的时候要按程序整理，便于下次游戏。但是，班上还是有很多幼儿对"如何将数学材料收纳整齐"存在问题。在此次案例中，睿睿和婷婷在收拾"数一数"游戏材料时没按操作步骤整理，看上去十分混乱。由此可见，幼儿对于"如何将数学材料收纳得整齐有序"这一问题是欠缺考虑、存在问题的。在后面的反思环节，教师就可以以这个话题为契机，引导幼儿学会如何将透明玩具盒放到对应的玩具柜里，还要引导幼儿学会将透明玩具盒里的游戏材料收纳整齐，这也有助于培养和提高大班幼儿的整理能力。

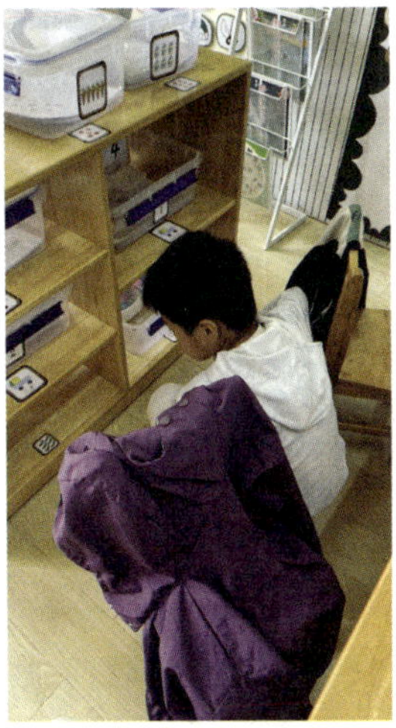
将摆放错误的材料
放回正确的位置

另外，针对班上经常会出现的其他收纳问题，教师可以发挥值日生的作用，引导值日生协助老师检查幼儿的收拾整理情况。检查时若发现有错误的地方，应该把在这个区放错玩具位置的幼儿请回来，让他看一看错在哪里，指导其重新摆放正确，而不是值日生直接去重新摆放。

（苏州市吴江区金家坝幼儿园　管靓怡）

四、分享反思环节案例

1. 给小动物喂饼干（小班）

◉ 案例描述

"给小动物喂饼干"游戏刚一投入就吸引了幼儿极大的探索兴趣；因为小动物和饼干都来自幼儿的生活，幼儿对其有着丰富的生活体验。

区域游戏结束后，教师请幼儿分享自己在游戏中遇到的开心事和遇到的困难，幼儿纷纷发言。妍妍举手说："今天我和熙熙玩了'给小动物喂饼干'的游戏，很开心！"熙熙说："我们玩了小猫，后来还玩了小青蛙呢！"在幼儿分享的同时，教师进行了照片投影。熙熙说："小猫身上有数字卡片，我数了数后再给它喂饼干的。"妍妍笑着说："我数了，有五个。"教师接着问："那你们在游戏中有没有遇到什么困难呢？用了什么办法解决呢？"教师引导幼儿一起观察、讨论，并引发幼儿思考"还发现了什么？"幼儿你一言我一语，在大家的一致探讨下，发现小猫身上的数字卡片和饼干的数量相同；饼干的颜色和小猫的颜色相同；小猫的嘴巴形状和饼干形状相同。最后还引发幼儿对下次数学区游戏展开探索、思考。

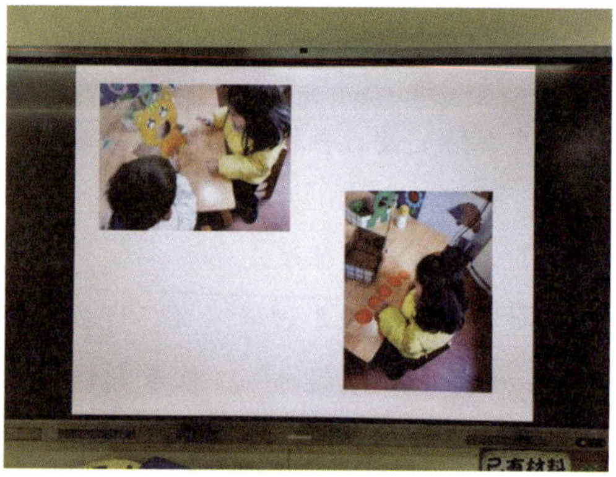

幼儿在玩"给小动物喂饼干"游戏

◉ 案例分析

小班幼儿年龄小，对具体形象的小动物特别感兴趣。教师引导幼儿回忆、分享自己在游戏中的体验和感受，共同探讨在游戏中遇到的问题，通过一起寻找不同"喂饼干"的解决办法，了解了数字、形状、颜色之间的关系，从而理解按数取物、点数对应的意义。

该游戏给予幼儿大胆分享、展示自己的机会，激发了幼儿的游戏兴趣；引导幼儿回忆数学区中的游戏体验，探讨在数学区遇到的问题，共同寻找解决问题的方法及下一步策略，从而丰富幼儿的数学经验。

（苏州市吴江区坛丘幼儿园　钱益萍）

2. 瓢虫找家（中班）

◉ 案例描述

"瓢虫找家"游戏结束后，幼儿集中在一起和教师交流分享自己的游戏体验。教师问道："大家刚刚都在数学区玩了游戏，肯定都发生了很多有趣的事情，谁来分享下你的游戏体验呢？"清清举手说道："我刚刚玩了'瓢虫找家'游戏，很好玩。"

“瓢虫找家”数学游戏

教师找出了清清的游戏照片，问道：“有没有小朋友来帮她看一看她有没有什么问题啊？”团子说道：“她把2贴在5的那边，因为……”“什么2啊？把话说完整。”团子说：“2号瓢虫，它背上有2个点，应该贴在2的那边。”“你是说2号瓢虫应该贴在这边，数字2的上面，可是她贴在了数字几上面？”“5。”孩子们异口同声。“好像还有其他问题，你们看这个瓢虫身上有几个点啊？是不是有3个点啊，她贴到了数字几上面啊？”“1。”下面的孩子说道。“清清，你有没有改过来啊？”金老师问道，清清点了点头。“那你是怎么改过来的？”“数点。”“是在仔细数点是吧？”清清点头回道：“嗯。”“你一开始是不是没有仔细数所以做错了，是不是呀？”“嗯。”

瓢虫找字

“所以我们下次玩‘瓢虫找家’游戏时一定要看仔细了，要认真地数，不要一上来就乱贴啊！”金老师认真地和幼儿总结道。

◉ 案例分析

案例中，清清只是简单地向大家分享了自己的游戏内容，教师没有继续追问她，而是将自己拍到的游戏照片投影到电视机上，进一步引发其他幼儿的讨论兴趣。可见游戏分享环节，不单单是一个人的分享过程，而是全班幼儿共同讨论、学习提升的过程。教师一定要灵活运用幼幼交流、小组交流与集体交流的形式，提高师幼互动和幼幼互动的效果。

当遇到幼儿不知道分享什么的时候，教师可借助照片、视频或者操作成品，以开放性提问的方式去引发幼儿的进一步讨论，教师要善于发现幼儿在数学游戏中出现的问题，善于观察与记录，引导幼儿开展交流分享。如案例中教师在指导分享反思环节中发现幼儿的表述不是很完整和连贯，引导其重新进行完整的表达，可见在分享反思环节中，教师也是注重幼儿语言表达的完整性的，这也是渗透了语言表达能力的培养。

在分享反思环节，教师应注重总结性评价，这是有效巩固和提升幼儿经验的重要途径。本案例中，教师可能急于想要让幼儿进行下一个内容的分享，所以在最后总结经验的过程中没有继续引导幼儿尝试自己进行总结。其实根据中班幼儿的发展特点，教师可以针对幼儿分享交流的内容，鼓励幼儿一起做有针对性的评价和总结，提升幼儿相关数学经验，还可引导幼儿思考下次数学区游戏时需注意的事项或下次打算怎么做等。

（苏州市吴江区金家坝幼儿园　管靓怡）

3. 由相邻数记录表引发的评价思考（大班）

◉ 案例描述

在一次区域游戏的分享反思环节，洋洋拿着他的“相邻数”记录本向大家展示。记录本左侧是他每次操作时记下来的相邻数组合，右侧是他请程程帮他检查的结果，可以看到程程给洋洋的每次记录都给了笑脸。

教师问道：“大家对洋洋记录的相邻数有什么想法？”冉冉说：“洋洋没有全做完。”汐汐说：“洋洋好厉害，都做对了。”彤彤说：“不对，洋洋的相邻数写反了。”教师又问道：“洋洋你觉得今天玩得怎么样？”洋洋说：“我觉得太可惜了，我还没玩好，就结束了。”教师接着问：“那你觉得你的相邻数完成得怎么样？”洋洋歪着脑袋、嘟着嘴说：“程程说我是对的，彤彤又说不对，都把我弄晕了。”教师说道：“谁有好方法帮洋洋证明他的相邻数对不对呢？”静静说：“有答案本啊，对照答案就知道了。”教师说：“那我们请洋洋自己检查一下吧。”于是，洋洋翻开答案本，发现只有 123 的顺序，没有 321 的顺序。洋洋看着答案本说：“我写反了，中间是 2 的相邻数组合，只有 123。”教师又问道：“为什么没有 321 呢？”洋洋说：“可能是因为火车头要比中间的数大 1，火车尾巴要比中间的数小 1，反过来的话，火车就开反了。”悦悦笑着说：“洋洋的小火车开反了。”教师说道：“你以火车的行驶方向辨别相邻数的顺序的方法真是太有意思啦！”

洋洋的“相邻数”记录本

◉ **案例分析**

本次分享反思环节从幼儿操作的记录本出发，以幼儿为主、教师为辅的方式展开评价。为了让幼儿的讨论有价值，教师先引导幼儿根据同伴的评价去主动发现问题，再引导幼儿自己评价，从中发现问题，接着引导全体幼儿共同思考、讨论解决问题的方法，最后再由该幼儿自己去检查答案是否正确，并发现错误的原因。教师不急于对幼儿操作中的错误做出评价判断，而是引导幼儿在观察、交流的过程中把自己在游戏中的所见所闻、情绪体验表达出来，与其他幼儿共同讨论游戏中的问题，提高自主解决问题的能力。在分享反思环节，教师要将教育和评价有机结合，不仅仅把评价看成结果检查，更是通过评价引导幼儿自主发现解决问题，以利反思和促教育。

（苏州市吴江区八都幼儿园　张婷）

第七章 自然联结 融合共生

——数学区活动与其他活动的融合

本章简介

数学区活动为幼儿提供了通过操作和实践来学习和理解数学的机会。在本章节，我们将探讨数学区活动与主题活动、生活活动、户外活动、教学活动的融合，总结数学区活动与其他活动融合时的原则、注意事项以及融合的实践策略。通过数学区活动与其他活动的融合，为幼儿提供全面的数学体验，帮助他们更好地理解和运用数学知识。

思维导图

- 数学区活动与其他活动的融合
  - 数学区活动与主题活动的融合
    - 原则
    - 注意事项
    - 策略
    - 案例
  - 数学区活动与生活活动的融合
    - 原则
    - 注意事项
    - 策略
    - 案例
  - 数学区活动与户外活动的融合
    - 原则
    - 注意事项
    - 策略
    - 案例
  - 数学区活动与教学活动的融合
    - 原则
    - 注意事项
    - 策略
    - 案例

第一节 数学区活动与主题活动的融合

就现阶段而言，主题活动中的数学知识普遍较为分散，因此，将数学学科固有的逻辑体系和结构序列自然而然地融合在主题活动中就显得尤为重要。“主题中的数学”相对于“纯粹的数学”而言，更能体现生活性、全面性、联系性和应用性。在幼儿园课程的实施中，两者的关系应是兼容和渗透、互补与拓展的。

一、数学区活动与主题活动融合的原则

数学区活动要根据主题目标和活动脉络中的具体活动环节，追求适宜性、匹配性、连贯性、渐进性。同时，教师需重视幼儿的个体差异，为不同能力水平的幼儿提供不同难度的数学区活动材料，设计具有不同挑战性的活动内容，满足每名幼儿的发展需求。在实践中，小班要注重生活化原则和情境性原则，中班要注重系统性原则和支持性原则，大班要注重创造性原则和持续性原则。

（一）小班数学区活动与主题活动融合的原则

1. 生活化原则

在新课程改革的背景下，学前数学教育在理念、目标、内容结构、呈现方式等方面都发生了重要的转变，强调数学教育应渗透于幼儿的生活之中，关注其与幼儿生活的联系和应用，并融合在主题式线索的课程实施中。生活化的课程能够唤醒幼儿原有的生活经验，进而引发更强烈的探究愿望。结合小班幼儿的年龄特点与经验水平，我们在将数学区活动与主题活动相融合的过程中更需要从儿童的生活出发。

例如，在开展小班主题活动“我爱我家”时，教师可以在数学区投放大小、款式、颜色不一的袜子，供幼儿配对，帮助幼儿发现袜子之间的共同特征，按照不同的属性特征进行分类。又如在开展小班主题活动“秋天”时，教师可以带幼儿一起搜集幼儿园内的落叶，既能帮助幼儿感受秋天树叶飘落的季节特征，又能将落叶引入数学区，供幼儿探究按规律排序、比大小等数学知识。

2. 情境性原则

幼儿早期的数学能力和知识概念的发展往往不够稳定，因此需要与具体情境相连。幼儿越小，就越需要在一定情境中探索周围的物体来感知数学。对于小班幼儿来说，富有趣味性的情境一方面能赋予抽象的数学关系、表征、概念、符号等以具体意义，情境性的数学区游戏场景又能够给予他们一种自然、轻松、愉悦的学习

氛围。

例如，在主题活动“过新年甜甜蜜蜜”中，教师可设计包糖果的游戏情境，让幼儿根据糖果盒上的标识包入相应数量的糖果。又如在主题活动“可爱的小动物”中，教师以“给毛毛虫穿新衣”为游戏情境，投放毛毛虫图形的底板与各色小圆片，让幼儿按照一定的规律排成序列，在游戏中学习知识。

（二）中班数学区活动与主题活动融合的原则

1. 系统性原则

数学核心经验强调的是概念或经验之间的关联和支持，“数概念”的经验是儿童理解运算中的数量变化关系的重要前提。中班幼儿处于学前阶段承前启后的时期，因此，教师需要格外关注该年龄段幼儿数学核心经验，每个核心经验的获得要建立在前面所呈现的经验要点基础之上，并不断回顾前面所呈现的内容。教师可以从目标入手寻找数学活动与主题活动的结合点，做到心中有“序”，明确哪些是本年龄段幼儿必备的“数”经验，并在具体的主题活动中灵活地把它们转化为适当的教育目标。

例如，在中班主题活动“橘子红了”中，教师不能只停留在让幼儿用掂量的方式感知两个橘子的轻重，而需要引导幼儿用类推的方法比较三至四个橘子间的轻重关系，并在其中找出最轻和最重的橘子。

2. 支持性原则

中班幼儿各方面的能力均有了进一步的发展，他们会认为学习是一种积极的挑战，在主题活动实施过程中通常会有很多具有创意的想法。对此，需要教师具有足够的耐心，给予幼儿与材料充分的互动时间和空间，密切关注幼儿的发现过程和游戏过程，并在互动空间、材料等方面给予幼儿及时的支持，帮助幼儿发展积极的学习方式，让他们带着对成功的期望参与学习，从互动经历中受益。

例如，在主题活动“我找到了春天”中，幼儿非常喜欢在户外散步时观察园内的花朵，他们还会捡地上散落的花朵，数一数花瓣，并乐此不疲。对此，教师可以将花朵投入数学区并制作记录表，给予幼儿进一步探索的机会。

（三）大班数学区活动与主题活动融合的原则

1. 创造性原则

随着各种动机的并列从属关系的变化，大班幼儿的行为将会出现随意性，他们会对行为结果进行观察，对个人活动进行计划。为了使创造力的萌发更为顺利，教师需要为幼儿提供具有创造性的课程内容。因此，在主题活动实施的过程中，教师不要压制幼儿的主动性，可放手让幼儿去设计数学区内的游戏玩法，制订游戏规则，并从技术上保证方案的顺利实施，以满足幼儿的创造性需求，帮助幼儿成为活动实施的主人。

例如，在大班主题活动“玩转萝卜”中，幼儿起初只对萝卜进行了称重、测量等常见的游戏，时间久了，幼儿的兴趣渐渐弱了下来。为了激发幼儿的创造力，教师发动幼儿搜集不同品种的萝卜，并启发幼儿利用萝卜玩出新花样。如在一系列的探究中，幼儿突发创意，用不同颜色的萝卜块玩起了数独游戏。数学区材料应以低结构、高开放为宜，便于引发幼儿思考，激发幼儿的创造力，产生多样化的数学游戏。

2. 持续性原则

针对大班幼儿的能力特点，教师在组织游戏方面要多呈现复杂化的趋势。在主题背景下的数学区游戏中，幼儿是孜孜不倦的研究者，他们在主题目标的引领下，随着主题脉络的推进，不断地在自主探究、发现问题、解决问题、生发内容的过程中进行着更为持久的探究。因此，教师要给予幼儿持续探究的机会，不要急于提示幼儿，而应通过鼓励、引导、建议等方式帮助幼儿在该主题进程中获取更多的数学核心经验。

再以大班主题活动“玩转萝卜”为例，如果教师在发现幼儿对萝卜的测量和称重的兴趣减弱后，没有进一步的引导与支持，游戏可能就无法持续、深入下去。因此，要让幼儿在数学区游戏中获得深度学习，对持续性原则的把握很重要。

二、数学区活动与主题活动融合的注意事项

幼儿期的思维特点是在直觉行动思维的基础上，发展到以具体形象思维为主，后期（5—6岁）抽象逻辑思维萌芽。幼儿首先在实物操作的层面达到对数概念的理解，继而发展到表象水平的理解，最后才向抽象水平的理解发展。

数学区有着自身独特的价值，在与主题活动相融合的过程中切不可牵强附会，要注意发挥两者独有的课程价值，保持自然、有机的融合状态。对于易于与数学区进行融合的主题，教师可从活动材料、活动内容两条路径入手，既要立足于当下主题目标的达成，又要兼顾数学区前后的连续性、渐进性、系统性。同时，鉴于主题下的数学区活动有着很大的生成性，因此，教师要具有敏锐的课程洞察能力，及时根据活动的实际进展和幼儿的兴趣，灵活、随机地生发数学区游戏内容。同时，也要随着主题的深入及活动实施过程中发现的问题及时调整活动方案，以达到巩固、拓展幼儿的主题知识经验的目的。

（一）小班数学区活动与主题活动融合的注意事项

1. 材料易于操作，玩法相对明确

小班幼儿的无意注意占主要地位，认知活动基本上都是在行动过程中进行的，游戏缺少明确的目的性，对数的感知和对事物的感知都是比较模糊或局部的，手眼协调能力较弱，只能直接地、简单地、表面化地认识周围的事物。因此，当小班数学区活动与主题活动融合时要确保游戏材料便于操作且玩法相对明确，这是符合这个年龄段幼儿特点的。

2. 基于生活经验，内容富有情境

基于小班幼儿的年龄特点，如果数学区活动只是单一无趣的重复机械的活动，缺乏趣味性和情境性，必然会降低游戏质量。因此，教师可结合主题中深受幼儿喜爱的角色、事件，为幼儿创设富有主题情境的游戏环境，增强数学区游戏的体验感。

（二）中班数学区活动与主题活动融合的注意事项

1. 关注内在逻辑，适度融合主题目标

在数学区活动与主题活动相融合的过程中，教师要切忌将数学区完全演变为“某某主题的数学区”，而应在保持数学区本身价值的基础上，适度地将主题中的某些数学领域目标融合进来。也就是说，不能为了达成主题目标就忽略了本年龄段本应该获取的纵横维度的核心经验，教师在制订主题实施方案时应遵循幼儿数学学习规律，有针对性地设计主题背景下的数学区活动，这样才能真正实现无论主题如何变更，幼儿的数学经验都能够连续地、递进地发展。

2. 注重儿童观察，有效给予发展支持

有效的观察能够帮助教师客观、全面地了解在主题实施过程中幼儿的发展情况，进而更贴切地联动区域游戏，支持不同能力水平幼儿的发展。在数学区活动中，教师要密切观察幼儿在主题推进过程中的学习效果，关注那些数学核心经验掌握不足或者有进一步挑战欲望的幼儿，并通过丰富游戏内容、设计难度层级、调整游戏材料等方式为每名幼儿的发展提供支持。

（三）大班数学区活动与主题活动融合的注意事项

1. 材料低结构，激发创造性

大班幼儿在大量直接经验中能够了解数和一些事物的规律和特点，初步理解事物之间的联系，他们的创造意识较强烈，合作意识较强，并能逐步学会抽象概括，进行整理和加工。在大班数学区活动与主题融合的过程中，教师要增加对低结构材料的投放，以支持幼儿的创造性探索。如在大班主题活动“秋天”中，幼儿将飘落的树叶捡回并投放在数学区，引发了“集合与分类”“模式”“计数”“数运算”

"测量"等多种玩法，低结构材料的作用显而易见。

2. 智慧"搭台子"，巧妙"设关子"

针对大班数学区与主题活动融合的持续性原则，教师要根据幼儿的接受能力，通过数学区的活动为能力弱的幼儿"搭台子"，帮助他们建立自信；给能力强的幼儿"设关子"，给予他们更多挑战、拓展的空间。让不同的幼儿都能够持续地在数学区获得探究的乐趣，保持持久的热情。

三、数学区活动与主题活动融合的策略

区域活动与主题活动都是实施幼儿园一日活动的途径之一。数学区活动与主题活动各尽所能，将有效促进幼儿数学核心经验的发展。教师要遵循幼儿数学学习和发展的轨迹，引导幼儿运用数学思维去面对生活中产生的问题，在发现问题和解决问题的过程中，发展思维的抽象性、逻辑性和条理性。

（一）小班数学区活动与主题活动融合的策略

1. 依托生活化的操作材料，为理解而"融"

幼儿园主题活动主要来源于幼儿熟悉的现实生活。对于小班幼儿来说，生活化的材料既便于搜集，又能帮助他们理解抽象的数学知识。比如，在小班主题活动"好吃好玩的石榴"中，教师可以利用园内的石榴资源，深入开展石榴大小比较活动，帮助幼儿通过实际操作、亲身体验、直接感知，理解了小、中、大所代表的具体含义。

2. 创设主题化的游戏情境，为趣味而"融"

数学区环境的创设是提升幼儿探究兴趣的重要因素。小班幼儿年龄较小，极具吸引力的主题化游戏情境，能够让抽象、枯燥的数学知识变得生动有趣，促使幼儿玩在其中、学在其中、乐在其中，能够按照自己的内部需求、发展速度、学习节奏自由选择、自主活动，进而在愉悦的过程中获得相应的数学知识，理解数概念。

（二）中班数学区活动与主题活动融合的策略

1. 寻找与主题的融合点，为系统而"融"

幼儿的数学学习是一个从具体表象再到符号理解的渐进过程。我们要找到主题关键经验与数学区核心经验中的交点来进行融合。数学区核心经验涉及集合与分类、模式、计数、数符号、数运算、量的比较、测量、图形、空间方位等知识，如果教师立足纵横两个维度的整体考虑，围绕主题开展相关的数学活动，那么数学区的游戏内容既符合中班幼儿的数学学习轨迹，又能达成主题的相关目标。

2. 寻找幼儿发展的需求点，为支持而“融”

中班幼儿的抽象思维能力萌芽。随着主题内容的衍生、交替，数学区中材料的更替必不可少。中班幼儿有自己的想法，在主题活动与数学区游戏的开展过程中，他们会不断生发新的需求。因此，教师要根据幼儿的兴趣点与需求点，逐步逐层地投放材料，边投放边观察，为支持幼儿获得深度学习、获取更多的数学经验而不懈努力。

（三）大班数学区活动与主题活动融合的策略

1. 利用多元表征手段，为创造而“融”

关于大脑的研究证实，在幼儿的学习与发展中，他们接触的表征形式越多，学习就越深刻。当用多种不同的方式来表征一个新概念时，幼儿的大脑就会在这些概念和其他已经熟悉的事物之间建立更多的联系。大班幼儿正值具体形象思维向抽象逻辑思维过渡的阶段，为了更好地帮助幼儿将具体实物情境迁移和应用到其他变化的情境中，实现从具体到抽象的渐进发展过程，教师要引导幼儿利用实物情境、教具模型、图形或图表、口语及书面符号等多种表征手段来表达数学概念、解决问题或解释数学的现象，从而激发幼儿更多的创造性学习。

2. 动态调整游戏材料，为深度而“融”

材料的投放应考虑材料与活动目标的关系、材料与幼儿需求的关系，做到有的放矢，要从适合幼儿的发展水平、适合幼儿的“最近发展区”出发。大班的幼儿更喜欢挑战自我，相较于中班、小班幼儿游戏材料的单一，大班幼儿更喜爱层层递进且具有挑战性的游戏材料，因此，教师要根据幼儿的需求动态地调整游戏材料，帮助幼儿保持探究热情，持续、深入地开展活动。

四、数学区活动与主题活动融合的案例

1. 石榴比大小（小班）

◉ **案例描述**

秋天是石榴丰收的季节，教师结合小班幼儿的年龄特点，利用园内的石榴资源开展了“好吃好玩的石榴”主题活动，在数学区投放了幼儿自己亲手采摘的大大小小的石榴。小班幼儿对自己所摘的石榴非常感兴趣，发现自己采摘的石榴和别人的石榴大小不一样，于是三三两两的幼儿聚集在一起进行了石榴的比较。幼儿拿着自己采摘的石榴和其他幼儿相互比较起来。晨晨说：“我的这个大。”兰兰说：“我的这个也大。”大家都认为自己的石榴大。教师建议幼儿将石榴放在一起比一比。于是两名幼儿将石榴放在一起，大家用眼睛进行观察比较，发现兰兰的石榴比晨晨的

大很多。这一比较，激发了更多幼儿参与，也希望来比一比。活跃的浩浩马上也拿出石榴和兰兰的比较，虽然他的石榴看起来大，但是通过比较发现他的石榴还是比兰兰的小一点。于是他又和晨晨的比较，发现自己的石榴比晨晨的大一点，开心地说："我的石榴是中石榴。"他开心地解释给边上的小伙伴听："兰兰的石榴最大，是大石榴；我的石榴其次，是中石榴；晨晨的最小，是小石榴。"看到幼儿对自己的石榴大小如此感兴趣，教师引发话题："比一比，你的石榴是哪一种石榴呢?"鼓励幼儿对石榴进行小、中、大的比较，并用自己的语言来进行描述。

◉ **案例分析**

整个活动抓住了幼儿感兴趣的话题，在教师有目的、有意识的引导下，不断深入开展石榴大小比较的活动。首先基于幼儿的兴趣，发现石榴有大有小并进行大小的比较，认识大小，以及用语言来表达大小。其次在幼儿了解掌握两个石榴之间的大小之后，增加难度，对三个不同大小的石榴进行比较，理解小、中、大所代表的具体含义。最后鼓励幼儿用自己的话语进行表述，加深对小、中、大所代表的具体含义的理解。

2. 七巧板（中班）

◉ **案例描述**

在中班"我们身边的科学"主题活动开展过程中，幼儿对图形拼搭产生了浓厚的兴趣。于是，教师在数学区投放了七巧板游戏材料，制作了两种难度等级的题卡，让幼儿在游戏时可以自由选择题卡进行挑战。这一天，星星来到数学区，选择了七巧板游戏。他先是摆弄了一会儿题卡，然后决定从低难度的操作题开始。他边看题卡边找板，很快就完成了挑战。接着，他挑战了一张高难度的题卡。观察了一会儿后，他开始拼搭，先摆放好下面的一块板，对照题卡后发现不对，于是换了一块橙色的板。之后，星星形成了先观察题卡再找相应板的习惯，每拼好一块就用手指着板再次对照题卡确认。没一会儿，操作盘里已经拼搭好了一半。这时，他拿出一个黄色的平行四边形板尝试拼搭，但试了几次都没能拼好。于是，他重新拿起题卡仔细观察、对照，然后找出一块黄色三角形板和平行四边形板拼成一个梯形，再放到操作盘里后对照题卡，确认无误后继续。接下来，他拿出一块梯形板，在题卡的指示下正确地将其拼搭在平行四边形板的一边。在后续的几次拼搭中，星星一直坚持先观察题卡再找板的方法，最终成功地完成了高难度的挑战。

星星在对照题卡尝试拼搭

◉ **案例分析**

幼儿在玩七巧板游戏的过程中，对图形的特征有了更深入地理解。能够根据图形的边和角的特点进行组合，这体现了其对图形认知从直观到抽象的逐步过渡。例如，当星星将平行四边形板与三角形板拼在一起形成梯形时，就表明他已经对图形之间的转换关系有了一定的认识。在游戏过程中，遇到困难时，星星会积极思考并尝试不同的方法。比如，在拼搭到一半时，他一时不能按题卡正确摆放平行四边形板，但他仔细观察了题卡，找到了所需的图形，并最终成功解决了问题。这体现了他具备一定的问题解决能力和学习的主动性。

（苏州市吴江区八都幼儿园　姚陆英）

3. 分萝卜（大班）

◉ **案例描述**

大班在进行“萝卜地的秘密”主题活动时，幼儿非常期待收获萝卜的那一天。但是，离萝卜收获还有很长一段时间，看着幼儿对于萝卜的热情这么高涨，教师便在数学区投放了萝卜分合玩具，提前请幼儿体验一下分萝卜的乐趣。玩法为：幼儿两人一组，一人出示一张数字卡（出题），另一人根据数字卡上的数字来分萝卜（答题）；也可以一人先放好两堆萝卜（出题），另一人根据萝卜的数量摆出相应的数字（答题）。“分萝卜”的游戏材料一经投放就受到了幼儿的欢迎。

这一天，小言和小彤来到数学区，只见小言出示了数字卡“8”，小彤将萝卜分成两堆。“1，2，3，…，9。”小言皱着眉头数了好几遍，“你好像分得不对啊。你看这里有3个，那里有6个，3+6=9。”小彤反驳道：“你怎么知道你一定是对的？我上次分8个萝卜的时候就是有一个‘6’的。”这时，小言取出分合器将方形洞移到了“8”上，果然，“6”和“2”可以合成“8”。小彤见状，一拍脑袋，说：“我知道了！‘3’和‘5’合起来是‘8’。”这时，一旁的莎莎补充道：“我还知道‘4’和‘4’也可以组成‘8’。”

第二天，小言和莎莎又来到了数学区。这一次，他俩并没有按照出题、答题的方式进行游戏，而是选择了一张数字卡后，一人分萝卜，一人记录。过了好一会儿，两人兴致勃勃地对教师说：“老师，我们知道了‘8’有7种分法！”

◉ 案例分析

数的分合本身并不是特别有趣的活动，甚至有些枯燥。但是结合主题活动“萝卜地的秘密”，幼儿对“分萝卜”的游戏颇为感兴趣。可见，对于处于3—6岁年龄段的幼儿来说，创设一个有趣的游戏情境是非常重要的。大班阶段是培养幼儿合作能力的重要时期。在数学区为幼儿创设两两结伴的良性合作式游戏，提高互动性，也能增强游戏的趣味性。案例中，幼儿从按照教师设计的玩法开始到自己生发新玩法的过程为我们呈现了一个难度递进的、具有探究乐趣的深度学习历程。

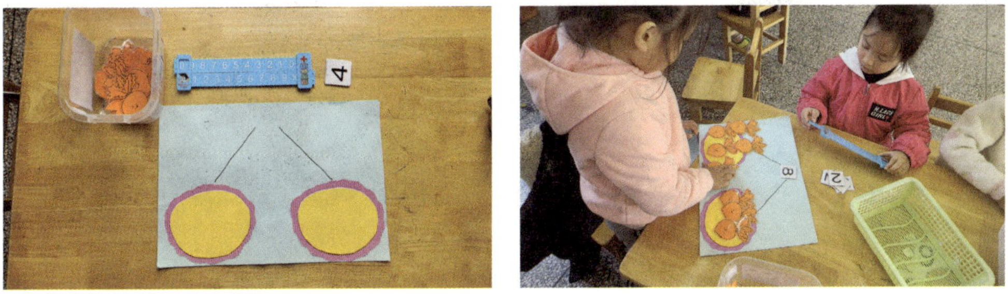

幼儿在玩“分萝卜”的游戏

4. 有趣的树叶（大班）

◉ 案例描述

在开展大班主题活动“秋天”时，教师带幼儿到户外观察秋天的树叶。幼儿看到幼儿园内大大小小飘落的树叶，纷纷将其捡了起来。于是，教师将这些树叶带回教室并投放进了数学区。

起初，幼儿仅用同种树叶尝试了数数、计数的游戏，随着游戏经验的丰富，树叶的玩法也开始多了起来。这天涛涛和乐乐来到数学区，拿出了两筐不同的树叶，各自从筐里抓了几片叶子放在桌子上。涛涛指着桌子上的树叶说：“看！这些树叶有大有小，有几片整个儿都是金黄色的。”说着，他将两种树叶分成了两堆，并分别从大小不同的两堆树叶中将所有整个儿都是金黄色的叶子挑出来放在了中间。乐乐边用手指数着树叶边说：“哇！大树叶6片，小树叶10片，它们中间整个儿都是金黄色的树叶有4片。”两人又找来了其他品种的树叶玩了一会儿“集合分类”的游戏。这时，乐乐提议给树叶排队，只见她按照“大小大小”的规律给树叶排序。涛涛见状，也立马排了一条“大大小大大小”的树叶队伍。涛涛又提议：“我们可不可以用树叶来量一下桌子呢？”得到乐乐的认可后，两人立马行动了起来。乐乐笑着说：“叶子还可以这样玩，真有趣！”两人就这样用树叶尝试了一个又一个不同的游戏玩法，时不时传来他俩的笑声……

◉ **案例分析**

一次“秋天”主题活动引发了幼儿与树叶的深度互动，案例中的两名幼儿用树叶进行了“集合分类”“排序”“测量”等多种创造性玩法。因此，在数学区游戏材料的投放时，教师要充分利用各种生活资源的课程价值，帮助幼儿在持续探究的过程中感受事物之间的数理关系，建立数学理解，体验数学的重要和有趣。案例中，涛涛和乐乐利用不同的树叶自发做了多种有益的游戏尝试，整个过程中，两名幼儿自始至终非常专注、愉悦、充满热情。

乐乐和涛涛在利用树叶玩游戏

第二节 数学区活动与生活活动的融合

生活是幼儿数学概念的源泉，生活中许多问题都可以用数学的方法来解决，因此幼儿在一日生活中就有了很多巩固数学经验、获取新经验的机会。幼儿园的生活活动包含入园、盥洗、进餐、喝水、如厕、自由活动、午睡、离园八大环节，每个环节都渗透着数学学习契机，因此数学区活动的创设也要注意与生活活动的融合。

一、数学区活动与生活活动融合的原则

从幼儿数学知识的建构来看，生活中的数学经验对于幼儿数学知识的建构非常重要。现实生活为幼儿搭建了通往抽象数学知识的桥梁。教师要善于引导幼儿发现

生活中的问题，学会将数学活动与生活活动相融合，帮助幼儿加深对数学知识的理解，体验用已有的数学经验解决生活问题的乐趣。通过实践，我们认为，小班要注重情境性原则和启发性原则，中班要注重推理性原则和无痕性原则，大班要注重探索性原则和联系性原则。

（一）小班数学区活动与生活活动融合的原则

1. 情境性原则

对于数学知识和数学概念，小班幼儿往往无法直接感知，因此，教师可以将抽象的数学知识融入幼儿一日生活，帮助幼儿通过亲身体验、实际操作的方式进一步理解数概念。由于小班幼儿自主探究、解决问题的能力均处于比较薄弱的阶段，很难在生活实境中直接解决数学问题。因此，教师可以通过投放生活中真实的材料或表示生活物品、事件的图片来帮助幼儿实现情境再现，鼓励幼儿在真实的生活情境中初步感知生活中数学的有用和有趣。

2. 启发性原则

小班幼儿的接受能力较弱，需要教师的进一步引导与启发，才能更清晰地感知数概念，理解数概念，从而逐渐建构新经验。比如，当幼儿在数学区和同伴比较喝水量时，教师可引导幼儿根据自己实际的喝水情况去做简单记录；当幼儿再次在数学区进行喝水量比较时，教师就可以引导幼儿去喝水区看一看自己的喝水记录，然后根据记录中的量拿取相应数量的水杯图片；最后启发幼儿数一数、比一比，思考谁喝的水更多。

（二）中班数学区活动与生活活动融合的原则

1. 推理性原则

中班幼儿的思维能力已经有一定的发展，在日常活动中，能够将数概念进行初步的推理和运用。比如，教师可以为幼儿编上学号，并写在晨检袋的插牌位置，幼儿在入园后将牌插在写有自己学号的晨检袋中。在幼儿都认识了自己的学号后，教师有意识地将学号是一位数的和两位数的幼儿的牌互换，这样幼儿便会在晨检时对数字产生浓厚的兴趣并轻松地认识了数字。

2. 无痕式原则

升入中班的幼儿，各个方面的能力都有较大的提升，日常活动中的很多环节也充满着数概念，因此，无痕式的融合更为自然。比如，幼儿早晨来园时，将晨检结果和来园签到的结果进行结合。幼儿将自己的晨检结果放入自己学号对应的地方，并进行标记签到。在全部幼儿来园后，可以请小组长进行签到统计，统计今日本组共有多少名幼儿来园。这样的活动可以每日常规性开展，让幼儿入园后自主进行这样的活动，由此幼儿的数学经验在日常生活中得到了巩固。

（三）大班数学区活动与生活活动融合的原则

1. 探索性原则

教师在设计和组织生活化数学活动的过程中，应以数学思维面对生活情境中产生的各种问题。在数学活动设计的各个环节以及运用的数学策略中，带着让幼儿“用中学，学中用”的思想和做法，解决生活和游戏中的问题，运用已有数学经验，探索学习和验证新的数学经验，在发现解决问题的线索中提升并形成新的数学经验。幼儿园生活化数学区活动实施过程中，学用同步是主导思想。幼儿在生活中以及解决问题过程中学、用数学，也就是尝试运用已有经验去探索未知经验来解决生活中的一些简单和常见问题，在应用中学习、在学习中应用，学用共进、学用同步，应用性和探索性自然结合，同步进行。如果学不从幼儿的生活中来，不回到幼儿的生活中去，就无法彰显学用同步的思想。

2. 联系性原则

生活中充满数学，通过选择贴近幼儿实际生活的活动内容能让幼儿真切感受到数学和日常生活之间的联系，不断激励幼儿用一双慧眼去观察、读懂身边的数学。选择生活中的数学活动，更容易使幼儿产生共鸣及探索的欲望，从而激发幼儿进一步探索的兴趣，培养幼儿的逻辑思维。比如，在“认识钟表”活动中，在课堂上对于钟表的教学通常是认识钟面数字，认识时针、分针，幼儿仅仅学会认识整点和半点，那如何让他们真正意识到认识钟表的重要性呢？为此结合幼小衔接规定，给幼儿制订了严格的作息时间，例如，早晨 8 点到园参与晨间活动，9 点上第一节课，10：30 餐前准备等，不仅让幼儿在家、在园都能自觉看时间做事，还能培养幼儿的时间观念，养成不拖延的好习惯，把简单的数学教学目标一点一滴地渗透到幼儿的生活中。

二、数学区活动与生活活动融合的注意事项

当数学区活动与生活活动进行融合时，需要注意的不仅仅是游戏材料的提供，还需考虑不同能力的幼儿是否都能够适应这样的游戏，在参与游戏的过程中经验的获得和迁移是怎样体现的，幼儿的参与、教师的参与、结果的呈现等都是需要教师在融合的过程中考虑的。

（一）小班数学区活动与生活活动融合的注意事项

1. 注重游戏材料生活化

小班幼儿刚刚离开他们最熟悉的家庭来到幼儿园这个陌生的环境，对于年纪尚

小的他们来说，其实是一个极大的挑战。因此，在数学区游戏材料的投放上，若能够较多地投放贴近幼儿家庭生活的、他们熟悉的材料，如生活中的水杯、碗、勺子等，就能大大减轻他们的分离焦虑，激发他们的操作欲望，从而在游戏过程中愿意与同伴交往，获得对相关数学经验的认知。

2. 注重游戏内容紧扣生活

幼儿头脑中的数概念是来自幼儿对其生活的现实进行逻辑数理化时的思维，是在逻辑数理经验的基础上通过反思抽象而建构的。小班幼儿在进行数学活动时，需要具体形象的事物来辅助理解，而生活中的内容是他们最熟悉也是最容易理解的，因此在数学区内，设置一些生活化的游戏内容是非常有必要的。比如，通过“给小动物喂食物”游戏，巩固幼儿手口一致点数和数物对应的能力；通过“果蔬宝宝找家”游戏，发展幼儿的分类能力；通过设计“水果拼盘”游戏，引导幼儿根据数量要求、水果种类等进行分类，强化其一一对应的能力，也能够进一步理解5以内数字的实际意义。

3. 重视一日生活中的数学教育契机

幼儿的生活是数学教育最好的契机，将数学区和幼儿一日生活紧密联系起来，才能够引发他们积极主动地感知、学习数学。在一日生活的各个环节中都有许多教育契机。比如，日常排队时，引导幼儿按照从矮到高排，是幼儿进行高矮排序的练习；利用游戏插排选区、按照标记整理玩具时，是幼儿学习一一对应的机会。在生活中，幼儿也会遇到各种问题，比如，我今天喝了几杯水，我和你谁更高，我的衣服上有什么图案……虽然这些都是常见的问题，但我们可以引导幼儿运用数学思维去进行探索和解决这些问题，这也能够让幼儿在潜移默化中学习数学，感受数学的有用和有趣。

（二）中班数学区活动与生活活动融合的注意事项

1. 注意游戏结果的呈现形式

在其他区域游戏结束之后，游戏的讲评环节往往是游戏经验的分享，而数学区游戏结束后的讲评环节常常以结果的校对为主。但是在数学区活动与生活活动融合后，这个环节将不仅仅是结果的呈现。比如，在班级的自然角中，幼儿会对自己种植的植物进行测量和记录，幼儿之间也会对记录的结果进行比较，从而讨论为什么自己的植物长得会比别的幼儿的慢，从而开展对植物生长速度的探究。

2. 注意教师在游戏中的干预

教师要对幼儿在数学区的活动进行观察，了解幼儿活动的水平和需要，抓住教育契机，适时予以正确的指导。比如，材料的难度是否适合幼儿的数学水平、对于哪些材料幼儿已不感兴趣、幼儿是否正确地使用数学区的材料等。又如，在“拼九宫格”游戏中，能力强的幼儿可以很快地拼出来，这时的材料对他们已经不具有吸引力，此时就需要教师对幼儿进行正确指导，如规定幼儿每次只能用三块拼板组合，或是不能重复已经组合过的拼板等，以提高幼儿挑战游戏的兴趣。教师要以多种方式鼓励、引导幼儿与材料互动。当幼儿不了解材料时，往往难以对材料产生兴趣，这时教师要用游戏、故事等多种方法引起幼儿的探索兴趣，鼓励幼儿将操作中的新发现、新玩法介绍给其他幼儿，将个别经验转换为全体幼儿的共同经验。

3. 注意游戏材料要有弹性

提供“有弹性”的材料，即材料具有不同的玩法，不同的玩法体现不同的难度，可以供不同水平的幼儿操作。比如，“拼九宫格”游戏要求幼儿根据提供的不同形状的拼板进行组合。不同能力的幼儿就会被要求使用不同的组合方法，对于能力较弱的幼儿只要求组合一两种即可，而对于能力较强的则可以要求其使用三种或三种以上的组合方法。甚至对于一些能力更强的幼儿，可以规定其每次使用的拼板的数量来提高操作难度。

（三）大班数学区活动与生活活动融合的注意事项

1. 注重幼儿间的个体差异

在幼儿进入大班之后，幼儿之间的个体差异会愈加明显。在数学活动中，教师同样需要考虑幼儿之间的个体差异。可以对游戏设置等级，如在数学区游戏材料的投放中，教师可以采用同一游戏、不同难度的投放方式，用台风等级的颜色作为标识表示，这样既可以为幼儿提供有效的生活经验，又能将游戏的难度展示给幼儿，幼儿能够根据自我能力的认知来选择不同难度的游戏。

2. 注重数学游戏的连续性

在大班幼儿的数学游戏中，往往有许多生活经验积累的数学活动。在这个过程中，教师要注意活动的连续性。比如，在幼儿记录每日天气、温度情况时，记录每一天或每一周的幼儿可能是不同的，并且在记录的过程中可能会采用不同的方式，此时可以加入天气、温度情况的一周统计。时间久了之后，还可以对一个月的天气、气温情况进行统计。连续的记录和统计可以使幼儿清楚地发现气温的变化情况。

3. 注重游戏活动的多样性

幼儿归纳思维的发展早于演绎思维，这是因为幼儿处于构建各种知识概念的过程，他们还没有足够的概念体系来完成演绎的任务，对概念的获得主要依赖归纳思维。因此，幼儿要理解某个概念，必须具备体现这个概念属性的多种经验，并在体验这些经验的共同性质中逐步完成对概念属性的概括和抽象，最后形成初级概念。

在数学区活动中，对于同一种数概念属性，应尽可能地提供多种材料和游戏规则。如在“有规律排序”游戏中，教师可为幼儿提供形形色色的木珠、塑料棒、纽扣、几何图形，使幼儿在对这些材料进行拼、贴、串、摆、画等摆弄操作中，感知体验多种规律排序的方法，积累同类型的多种经验，从而概括和抽象出有规律排序的概念属性。

三、数学区活动与生活活动融合的策略

数学教育能使幼儿学会用数学的眼光看待周围的世界，用数学的方法解决生活中的具体问题，从而体验数学在生活中的运用。将数学区活动与生活活动进行有机融合，能够借助数学的精确性、抽象性和逻辑性帮助幼儿更加精确地、概括地认识生活中的各种事物及它们之间的关系。数学区的探究不光是让幼儿学会数学知识，更重要的是让幼儿获取一种数学的思维方式。

（一）小班数学区活动与生活活动融合的策略

1. 材料投放与生活活动中的实际材料相结合

数学区投放的材料应与幼儿的生活息息相关。可从小班幼儿的兴趣和需求出发，根据教育目标，投放生活活动中幼儿熟悉的，具有安全性、可操作性、趣味性的材料，如水杯、碗、勺子、扑克牌、日历、闹钟、废弃的易拉罐、零食罐等，使数学区活动材料生活化。比如，在“认识大小”的游戏中，从幼儿熟悉的布娃娃、玩具车着手，让幼儿通过观察和触摸，正确区分物品的大小；将扑克牌的数字与中间的图案剪开，打乱顺序后，让幼儿将数字与图案重新配对；根据扑克牌的数字大小进行排序、接龙、比较大小等游戏；提供幼儿不同颜色、形状的糖果，以及一定数量的购物卡，让幼儿在喜欢的生活材料中学会按物点数、按点取物。这样既可以让幼儿真切地体会到数学就在身边，又可以培养幼儿合理利用资源的意识。

2. 根据真实的生活活动创设数学区活动内容

幼儿最熟悉的就是真实的生活环境，教师可从幼儿的一日生活活动，如用餐、午休等方面去观察，发现数学问题的存在，将其转化为数学区活动内容。小班幼儿一日生活中的很多活动都能与数学区相结合，教师可选取贴近小班幼儿生活活动的内容创设适宜的数学区活动内容。比如，可根据幼儿生活中的排队问题，在数学区中创设“小动物排队”的数学游戏，让幼儿在数学游戏中加深在实际生活中前后一个跟着一个排队的认知，加强规则意识。

3. 数学区游戏场景再现幼儿的生活活动

在数学区创设与幼儿生活活动较为相符的游戏场景，引导幼儿在宽松的氛围下自主探索、获得发展。比如，在小班数学区创设进餐的场景，在游戏操作台铺上吃

饭的桌布，提供碗、勺子、点卡等，引导幼儿玩用勺子舀不同数量的食物等游戏，在体现幼儿进餐生活场景的同时，让幼儿在游戏中感知实际物体与数量的对应关系，并锻炼使用勺子等生活技能。

（二）中班数学区活动与生活活动融合的策略

1. 基于幼儿自由交谈的视角选择活动内容

幼儿在游戏、一日生活活动等环节之间过渡时，会相互交流自己的发现、疑惑、需求以及各种奇思妙想。教师可以抓住这一良好契机，生成适合幼儿兴趣点和发展点的数学活动内容。例如，教师在与幼儿的交谈中，听到幼儿相互之间开始比年龄谁大谁小，但说出的理由彼此都不认可，一时间谁也说服不了谁。教师意识到幼儿的时间意识开始萌发，但对时间的顺序和年龄大小之间的关系还不理解，不知道如何进行比较。由此开展了“生日比大小”系列数学活动：“我的生日”活动涉及认识日历、月历、年历；“奇妙的数字变化”活动涉及分辨一年中时间的变化与实际数字之间的差别；“谁是哥哥姐姐”活动涉及比较小组间、男女生间以及全班幼儿的年龄大小，同月出生的幼儿的年龄大小。幼儿在逐渐加深对时间、比较范围与时间跨度的理解的系列活动过程中，逐步明晰时间概念，学会并运用时间解决同伴间谁大谁小、家庭成员之间谁大谁小的问题。

2. 基于幼儿产生的共同问题的视角选择活动内容

区域活动是幼儿根据自己的意愿，自选内容进行的活动，幼儿能在此过程中充分展现已有经验，凸显近期问题。教师在指导区域活动的过程中，应注意观察、捕捉活动中隐藏的可以挖掘的数学元素，判断出幼儿共同需要梳理的问题，由此开展数学教育活动。比如，教师观察到，近期幼儿在建构区活动时，只喜欢用较大型材料进行搭建，很少用小型材料进行装饰。联系到幼儿在美术区活动“花边”中极少用到按规律排序的样式，教师判断幼儿目前还没有理解序列的规律排序，尚未形成固定模式，还不具备应用的经验，所以在课堂教学中选择了有关规律排序的集体教学内容。通过多次观察幼儿区域活动情况，不断调整按规律排序的集体教学的目标和内容，使教学活动与生活、游戏相结合，不但能够满足幼儿的发展需要，而且能让幼儿获得丰富、系统的数学经验。基于幼儿在区域游戏中产生的共同问题的视角选择活动内容，能达成解决游戏中的问题、促进经验获得的目的，让生活化数学活动更具实效性。

3. 基于幼儿发展目标的视角选择活动内容

根据生活化数学课程的指导思想，教师在选择活动内容时，也应该基于幼儿发展目标的视角进行选择。通过目标来判断幼儿的水平是否有通过教学活动进行再提升的空间，如果有，则选择相关的目标，以生活化的方式开展集体教学活动。幼儿园数学部分的发展目标中指出：能进行初步的统计，这对于培养幼儿的概括、抽象能力以及逻辑思维具有促进作用。但幼儿对于统计是没有经验的，在生活中对这部分的内容是不敏感的。针对这种情况开展相关活动，比如，中班活动“我们的鞋子”直接利用幼儿自己的鞋子为道具，从统计什么样的鞋子受欢迎开始，培养幼儿对统计的敏感性。通过多次生活化的集体教学活动，为幼儿建立统计的概念。

（三）大班数学区活动与生活活动融合的策略

1. 巧用记录表，用数学知识发现生活活动的秘密

当数学区与生活活动实现有效联动，生活活动中的素材就能成为数学区得天独厚的游戏资源。“今天来了多少人?”“一周菜谱中哪个菜最受欢迎?”“哪个小朋友一天喝水次数最少?”“今天，我睡了多久?”等问题都可以通过记录表的形式在数学区进行深度探究。比如，教师可在数学区投放一张“本周我爱吃”的记录表。表格第一行的每个格子内用照片或图片来表示本周周一至周五的日期及对应的菜品，左侧第一列是班级内每名幼儿的姓名。幼儿每日午餐后，如果喜欢吃当天的某个菜，就用笔在表格中自己姓名对应的格子里打个“√”，如果不喜欢可以打个“×”，一星期后看看哪个菜最受欢迎，不挑食的小朋友有几位，等等。大班幼儿已具备记录、统计的能力，巧用记录表记录一日生活可让幼儿通过数学区这一媒介渐渐成为一日生活中的有心人，借助数学知识去发现生活活动中所蕴藏的奥秘。

幼儿在“本周我爱吃”的记录表上进行记录

2. 发挥主体性，用自主探究生长数学经验

在幼儿参与活动的过程中，教师应引导幼儿尝试、发现、寻找不同的答案，让幼儿能够按自己的兴趣和意愿，自由选择活动材料，自主确定活动的内容和形式，用自己的头脑去感知、发现数学现象，体验数学规律。因此，为幼儿提供可进行数学操作活动的各种材料，是激发幼儿学习兴趣与动机的有效条件。教师应该成为幼儿数学区活动的支持者、引导者、帮助者与鼓励者。这样的教育理念，对于幼儿有

效地学习数学具有重要的支持价值。

3. 体现生活化，用潜移默化引发积极探究

多元智能教材中的数学教育都是在生活活动中潜移默化地进行的。比如，摆碗筷涉及计数、一对一概念，收碗筷涉及分类概念。又如，做操排队时，教师可以引导幼儿思考自己在“哪一列”“排在第几个”等问题。这些问题既有数学中关于“序”的内容，又与幼儿生活紧密联系。教师巧妙地利用生活中的常见事物，可更自然地帮助幼儿感知数学的无处不在，从而引发他们积极地投入数学学习。

四、数学区活动与生活活动融合的案例

1. 给小动物喂饼干（小班）

◉ **案例描述**

今天江江和程程进入了数学区，她们选择了“给小动物喂饼干”的游戏。两名幼儿拿着饼干模型一片片地送到与饼干形状相对应的小动物模型嘴里。江江一边喂一边对着三角形嘴巴的小猪模型说：“小猪，我给你吃三角形的饼干。”对着圆形嘴巴的小兔模型说：“小兔，我给你吃圆形的饼干。”两名小朋友玩了一会儿，程程开始拿起一块三角形饼干模型往圆形嘴巴的小兔模型嘴里送，紧接着又拿起一块正方形的饼干模型送进小猪模型嘴里，还不停地哈哈大笑。江江看见了同伴的举动，也学着将饼干模型乱喂给小动物们，塞进去又倒出来，发出了很大的笑声，把桌子搞得乱七八糟。

◉ **案例分析**

在活动中我们可以看出小班幼儿的特点：他们年龄小，以无意注意为主，在做事情的时候往往缺乏毅力，会被其他事物吸引，不能很好地专注于某件事情。在这个活动中我们可以看出幼儿在游戏的前五分钟还是能够被吸引的，并乐此不疲地做着这一事情（喂饼干）。但时间一长，反复的、单一的行为让幼儿失去兴趣，他们想做出一些让他们感到开心却违反规则的事情。小班幼儿的模仿性很强，当发现他人的游戏更好玩时，幼儿会马上进行模仿。

因此，在数学区材料的投放上可以根据幼儿的特点进行调整，投放一些有挑战性的材料。比如，提供小勺子或夹子等工具来进行饼干投喂，这样既能锻炼幼儿的形状匹配的能力，也能锻炼幼儿手部精细动作的能力。幼儿可以根据自己的能力来选择材料。由于提供了足够多的材料供幼儿在活动中选择，幼儿可以更换不同材料进行游戏，这样一来参与的时间也变长了，还可更好地激发幼儿参与活动。

2. 小小喝水记录员（中班）

◉ 案例描述

在一次集体谈话活动中，教师将拍摄的照片通过投影仪投在屏幕上，并和幼儿聊道：“这块是我们班级的‘喝水加油站’区域，你们看看上面有什么呢?”甜甜说：“上面有雪花片，还有数字 1、2、3、4、5、6。”宣宣也举手说道：“另一边还有一次性杯子，杯子上面也有 1—6 的数字。”“嗯，小朋友们都看到了 1—6 这 6 个数字，大家都认识了吗？我们一起来复习一下数字歌吧！”“1 像铅笔细又长，2 像鸭子水里游……”幼儿响亮地念道。“小朋友们，那老师来和你们讲解一下这边的数字分别代表什么意思吧！这边的 1 代表第一组，旁边贴的是小朋友的名字，小朋友首先要找到自己的名字。旁边的水杯上的数字代表你的小组，你是第一组的就在 1 下面的水杯里拿雪花片，你喝了几杯水就拿几个雪花片插到自己的名字上。比如你喝了 2 杯水，就在自己组的杯子里拿 2 个雪花片插到自己的名字上。”就这样，在教师给幼儿耐心讲解了“喝水加油站”的玩法后，幼儿表现出极大的兴趣。

从那以后，班里的幼儿喝完水后就会去喝水区拿雪花片，然后在自己的名字上面插上雪花片。瑞瑞一喝完水就来到了“喝水加油站”，她拿了 2 个雪花片，插了 1 个又准备继续插第 2 个。还对着旁边也在喝水的毅毅说：“我刚刚喝了 2 杯水，所以我拿了 2 个雪花片插在我的名字上！”毅毅说道：“我和你一样，我也喝了 2 杯，我也要插 2 个。”瑞瑞说：“好呀，放学后我们看看谁喝的水多吧。”

瑞瑞在“喝水加油站”记录

◉ 案例分析

为了巩固幼儿对数字的认识和运用，教师将日常生活中的喝水活动与数学活动巧妙融合，创设了“喝水加油站”区域，将数学巧妙地渗透到幼儿的一日生活中，让幼儿在每天要进行的日常活动中感知数字，运用数字。幼儿在喝水时留意自己喝了几杯水，数一数雪花片的数量，会对数数更加感兴趣。教师可以引导幼儿选择玩数学区游戏的时候去“喝水加油站”数一数自己和同伴一天的喝水情况，并用数字记录一共喝了多少杯水，真正将数学融于生活，在提高幼儿对数学兴趣的同时激发幼儿喝水的积极性，保障幼儿一日的喝水量，一举两得。

3. 分配石榴树（大班）

◉ 案例描述

植树节马上到了，石榴园需要更换24棵石榴树，于是教师与幼儿一起讨论这些石榴树由谁来种。幼儿说：“我觉得我们可以种。”“我们全园的小朋友一起种。”“小班、中班的弟弟妹妹力气太小了，我觉得可以让三个大班的小朋友来种。”幼儿一致决定，由三个大班负责栽种。于是教师在数学区投放贴纸、表格，鼓励大家大胆讨论，进行任务分配。

幼儿在进行分配

一一说：“我们每班种8棵，因为这个大苹果可以竖着分成3份，每份8个，所以先给大一班贴8个。”

达达说：“我们先给每班分6棵，多的再平均分。”

幼儿通过观察之前需要更换的石榴树统计表，确定每个班负责的石榴树的数量，商讨每个班具体负责哪棵树。有的孩子提议按颜色的规律竖着分，有的说横着分，通过观察比较，幼儿一致决定竖着分，这样幼儿更容易找到这些树。

◉ 案例分析

幼儿以小组为单位进行更换石榴树的任务分配，在这个过程中，幼儿合作、协商，一定程度上提高了幼儿的社会交往能力。幼儿在区域中尝试自主分配，感知数学在生活中的用处，并且能够通过一对一配对的方式感知物体的多少，将24棵石榴树平均分配到3个班级。同时，在教师的帮助下，幼儿能够制订简单的种植计划并尝试执行。

第三节　数学区活动与户外活动的融合

数学区活动与户外活动的融合，不仅能为幼儿提供一个自然、有趣的学习环境，还能有效增强幼儿的学习动机，促进其综合素质的发展。

一、数学区活动与户外活动融合的原则

《幼儿园工作规程》中指出，幼儿在园生活的一天中，户外活动时间不得少于2小时。户外活动中，还包括1小时的户外体育活动，在这段时间里，幼儿和户外活动材料、同伴进行着不同的互动。这一阶段，幼儿的具体形象思维逐渐取代直觉行动思维，教师有意识地将数学教育目标与户外活动进行有效融合，以“融合、渗透”的策略充分挖掘户外活动中蕴含的数学教育价值，能够激发幼儿在户外活动中感受、学习数学的乐趣，使幼儿的数学思维得到发展。

1. 发散性原则

在多元化的户外活动中，教师应从幼儿思维发展的角度出发，关注数学本身的严谨性、系统性，能够让幼儿获得清晰、正确的经验和概念，从不同方面感知和体验数学；还要培养幼儿的发散思维，从不同方向感知、理解数学经验和概念，多角度、多方向进行联想、迁移和运用。

2. 全面性原则

根据幼儿在户外活动中产生的学习契机而开展的数学活动，需要对某个数学问题进行辨析，对幼儿的数学经验进行整理和提升。一个数学经验点的获得，可以通过多个不同的游戏活动来感知和体验；同时，也需要教师再回到幼儿的游戏中去引导幼儿联想、迁移、运用，巩固对某个数学概念的理解。

3. 探索性原则

教师在组织幼儿参与户外活动的过程中，应以数学思维面对游戏中产生的问题。在游戏的各个环节引用数学策略，引导幼儿用数学的思维和方法，去解决活动中的问题，运用已有的数学经验去探索和学习并验证新的数学经验，在探索、发现、解决问题的过程中增加并形成新的数学经验。

二、数学区活动与户外活动融合的注意事项

数学学科有着自身的学科体系，其涉及的内容极为广泛。只有那些符合幼儿年

龄特点的，对于幼儿来说是最基本的、最重要的、最关键性的数学内容，才有可能真正转化为幼儿的数学经验。在进行户外活动时，教师要判断其中所反映出的数学教育目标，继而采用适宜的方式，引导幼儿充分体验并了解蕴含在其中的具体知识，感受数学的有用和有趣，获得数学的思维方式。

1. 注意材料中数学因素的融入

户外活动的材料是幼儿游戏的承载物，将幼儿数学教育目标融合在这些材料中，既能促进幼儿的数学学习，又能完成体能锻炼。

如小班的体能动作“跳”，是在发展幼儿跳的能力的同时，让幼儿感受到数学在体育活动中的趣味性。具体可提供一些带有数学信息的不同颜色、不同形状的图形板，让幼儿从一种颜色、形状的板跳到另一种颜色、形状的板，从而学习颜色和形状的知识。

2. 注意动作发展中数学因素的融入

为了帮助幼儿实现某个相关动作发展目标，教师根据幼儿动作发展水平、已有的数学经验，在练习中加入幼儿可以理解和实现的数学因素，让幼儿在快乐中获得动作和数学经验的双发展 。

如小班体育活动“瓶子宝宝找朋友”，主要是发展幼儿听信号做动作和四散躲闪的能力。这一项活动需要一些胸卡，教师在胸卡上添加高矮不同、瓶盖形状不同、圆点数量不同的瓶子元素，引导幼儿在玩的过程中，根据相应的指令，观察同伴的胸卡，寻找和指令内容一样的“瓶子朋友”，靠一靠、跑一跑、跳一跳，在玩的基础上完成锻炼目标，感知量、数、形的匹配和分类。

3. 注意活动规则中数学因素的融入

幼儿通过有情节、有趣味的户外游戏方式，在玩耍中达到体育活动的目标。将数学教育融入游戏活动，关键是在游戏规则中体现数学教育目标。

如大班体育活动“抢占圆圈”，教师将规则设计为：听到单（或者双）数回家，立刻跑回相应的小圆圈内。玩法与数学教育目标有关——幼儿通过多种途径获得自己是单数或者双数的信息，可以 1，2，1，2，…报数，报出 2 的是听到双数回家，报出 1 的是听到单数回家，然后绕大圆圈跑，当教师发出是单数或者双数回家的指令时，相应的幼儿要迅速跑回小圆圈内。游戏中可以根据幼儿活动的状况，适时变换游戏规则。

三、数学区活动与户外活动融合的策略

幼儿园户外活动中蕴含着丰富的数学教育的内容与契机，教师应捕捉户外活动中具有数学价值的部分，采取多种策略引导幼儿探究，鼓励他们尝试运用已知探索未知的数学经验，解决户外活动中一些简单和常见的问题，促使幼儿形成良好的数

学思维习惯，培养解决问题的习惯和能力。

1. 利用自然事物，促发对数学知识的理解与应用

户外环境中的树木、石头、草坪等自然物以及滑滑梯、木桩、梯子等户外运动器械，都可作为数学学习的载体。如听指令往指定地点跑，教师可以利用户外环境中的自然物作为指定地点，不仅增添了游戏的趣味性，还能够促使幼儿积累关于类的概念，为初步分类经验的建立奠定基础。另外，户外环境中的景物包含大小、高矮、多少、粗细、轻重等多种数学元素，教师要利用幼儿的好奇心引导幼儿去发现、比较，培养幼儿对数学问题的敏感性。又如户外散步时，引导幼儿比一比哪棵树粗、哪棵树细；比较哪个器械离树最近、哪个最远，并用自己的方式验证；思考户外活动器械（如轮胎、球等）怎样摆放更好看，感受简单的排序等。教师要做有心人，用“生活是最好的老师”的理念引导幼儿感悟数学、理解数学、应用数学。

2. 利用体能锻炼感知数学，将数学经验融入体能锻炼

在户外活动中融入数学元素，通过有规则、有要求的游戏方式，在玩耍中实现幼儿动作发展目标的同时，促进幼儿数学经验的获得。如在发展中班幼儿单、双脚交替跳的能力时，教师将硬纸板切割成三角形、圆形、正方形等形状，摆放在地上，幼儿在侧跳中左一下、右一下，体会左右方位，同时感知规律：第几次跳的是什么图形，跳了多少个这样的图形，感知图形、序数和统计数量，在感受动作变化中体会数学学习带来的乐趣。

教师也可将数学经验融入幼儿动作体能锻炼，这不仅可以达到锻炼的目的，还能运用数学增强活动的趣味性。如中班幼儿拍球动作锻炼中，幼儿经常是无意识地随便拍，不一会儿就失去了兴趣，达不到锻炼的效果。可稍加改变规则和玩法，将数学经验融入其中。如由几个幼儿合作，两人拍，两人数，将每个人拍球的次数记录下来；也可每个人分别拍 3 次，统计拍球次数，看看今天谁拍得最多，成为日冠军，成为日冠军的幼儿可以得 1 分，以此类推再评出周冠军。通过统计的知识来积累经验，促进动作的锻炼。

3. 利用数学经验解决户外活动中的实际问题

教师应当树立将数学问题与幼儿生活相联系的思想，引导幼儿从生活、游戏中发现数学问题，并应用已获得的数学经验去解决问题，从而提升幼儿运用数学知识解决实际问题的能力。教师可以根据户外活动中出现的问题，引导幼儿在与教师、同伴的互动中找到解决问题的方法，在游戏中应用数学方法来解决问题。

例如，进入大班后，幼儿的竞争意识增强，同伴间经常会出现“谁跳得更远”“谁的球滚得远”等争论，涉及自然测量的问题。于是，关于测量的数学学习活动自然产生。幼儿寻找身边可以用来测量的工具，在不断地操作、探索、研究、讨论

后，梳理出测量工具正确的使用方法，不同的测量工具测量的结果会不同，要获得公平的结果要用同样的工具进行测量。总之，幼儿在游戏中、户外活动中灵活运用数学经验，既解决了游戏中出现的问题，又培养了幼儿用数学经验解决问题的习惯。

四、数学区活动与户外活动融合的案例

1. 休闲林里的“娃娃家”（中班）

◉ 案例描述

在户外“娃娃家”游戏中，随着小客人越来越多，幼儿有了把“娃娃家”搭建得更大的想法，经过商量他们决定先把娃娃家里的桌椅摆放好，再进行围合，这样就知道“娃娃家”该搭多大了。

幼儿在搭建“娃娃家”

可是，问题出现了，砖块不够用了。幼儿开始讨论。楠楠说：“现在砖块都是一块紧挨着一块拼搭的，如果拼搭的时候将中间留空隙，我们的砖块说不定就够了，‘娃娃家’也会更大。”为了验证楠楠的想法，回到班级后，幼儿用数学区的麻将块当作砖块做起了实验。

幼儿在用麻将块进行实验

利用两种方法搭建完成后的“娃娃家”大小差别看起来并不是很明显，为了能够准确地比较两个“娃娃家”的大小，有幼儿提出可以用测量工具测量，可以用雪花片排一排，然后数一数。经过测量，幼儿发现：紧密搭建的“娃娃家”两边分别是18块和15块雪花片的长度，而留空隙搭建的“娃娃家”两边分别是27块和16块雪花片的长度。于是，大家决定用留空隙搭建的方法再去对户外的“娃娃家”进行改造，看砖块不够用的问题和“娃娃家”不够大的问题是否都能够解决。

再次来到户外，搭建前幼儿用同样的方法对原先搭建的“娃娃家”进行了测量。他们就地取材，用了大小差不多的木块进行了测量，得出两边的长度分别是27个木块和23个木块的长度。随后，他们开始了改造，用两砖块间留空隙的方法来搭建。改造完成后又用木块进行测量，得出两边的长度分别是38个木块和25个木块的长度，并且还有多余的砖块，搭建的问题终于得到了解决。

幼儿们改造“娃娃家”

◉ 案例分析

当“娃娃家”扩建遇到砖块不够用的情况时，幼儿将这一难题从户外迁移到了班级的数学区中进行解决。在搭建初期，幼儿想到了先摆放桌椅物品再进行围合，来确定“娃娃家”的大小。当围合的砖块不够用时，他们通过比较发现了紧密搭建和留空隙搭建的不同，并想到了利用数学区中和砖块相似的麻将块在班级里进行对比实验的方法。他们先用数量相同的麻将块分别用两种不同的方法搭建了两个“娃娃家”，随后，为了准确地区分两个“娃娃家”的大小，他们还运用了之前用回形针进行测量的经验，利用稍大一些的雪花片来测量“娃娃家”两边的长度，最后通过直观的数字发现留空隙搭建的方法会使“娃娃家”变得更大，从而解决了砖块不够用的问题。整个过程中幼儿都是通过“问题发现”→“问题解决”的方式来学习的，在积极主动的尝试过程中，幼儿的数学感知和运用能力在不断发展。

（苏州市吴江区八都幼儿园　屠玥）

2. 数甘蔗（中班）

◉ 案例描述

户外散步时，幼儿发现种植地里的甘蔗已经长得很高，望过去绿绿的一大片。幼儿都很兴奋，迫不及待地要去摸一摸长出来的甘蔗。

“哇，甘蔗的皮是红红的，还有长长的叶子。”浩浩说。

幼儿在观察甘蔗

“甘蔗还是一节一节的，我来数一数。”涵涵说完，就数了起来，“1，2，3，4，…，哇，这个甘蔗有9节啊！”涵涵兴奋地说。

于是教师请幼儿都去数一数甘蔗有几节。有的甘蔗有6节，有的甘蔗有10节，还有的甘蔗有8节。原来并不是每一根甘蔗的节数都是一样的，有的多，有的少。

“我的甘蔗有10节，肯定是最高的。”浩浩开心地说。“才不是呢，我的甘蔗有9节，但是更高。”乐乐说。这是怎么回事呢？为什么10节的甘蔗却比9节的甘蔗矮呢？明明数字10比数字9大呀！带着疑问，教师请幼儿再仔细观察一下甘蔗。通过两根甘蔗的对比，萱萱细心地发现，原来有的甘蔗一节很长，而有的甘蔗一节却很短，所以节数少的甘蔗也会长得很高。

◉ 案例分析

在本次活动中，幼儿通过观察发现甘蔗是一节一节的，并能通过数数的方式来数出甘蔗有几节。随后在比哪根甘蔗高时，幼儿将数字的大小与物体的高矮联系在一起，认为节数越多的甘蔗会更高。然而实际的情况不是这样的。通过两根甘蔗的对比发现，甘蔗每一节的长短也不一样。幼儿在活动中，通过对比理解“量”是相对的，并能在对比中感知物体的多少、高矮。

（苏州市吴江区金家坝幼儿园　袁佳羽）

3. 平衡区里的梅花桩（中班）

◉ 案例描述

在平衡区有很多不同颜色的梅花桩，班里的幼儿经常自己拿梅花桩在地上摆出一个弯弯曲曲的形状，然后在上面走。因为最近班级的数学区中正好有一个按规律排序的游戏，于是，教师就引导幼儿将梅花桩进行有规律的摆放。教师说："小朋友们，你们想一想怎样能把我们的梅花桩排列得更整齐、更漂亮呢？"宣宣首先说："可以摆出一个圆形。"涵涵说："可以摆出一个爱心。"凤凤说："可以把相同颜色的摆在一起。"梓喻说："可以按一个红色、一个黄色的顺序摆。"幼儿最终决定摆出一个按颜色进行排序的图案后，就开始了工作，有的搬，有的摆，大家互相合作。最后，将梅花桩按照"红黄蓝红黄蓝"的顺序围成了一个大圆圈。

◉ **案例分析**

按规律排序是数学区里的活动，将这个活动融入平衡区的活动，能够让幼儿尝试创造不同的排序方式，感受排序的有趣。《纲要》指出：各领域的内容相互渗透，从不同的角度促进幼儿情感、态度、能力、知识、技能等方面的发展。所以，将数学区的活动融入户外活动，能够让户外活动更加有趣，让幼儿在锻炼身体的同时发展思维能力。

（苏州市吴江区金家坝幼儿园　朱玲浩）

第四节　数学区活动与教学活动的融合

数学区活动与教学活动都是丰富幼儿数学经验、发展幼儿数学思维能力的重要途径。对幼儿数学学习而言，区域活动不仅是教学活动的延伸，也同时具有不可或缺的作用。

一、数学区活动与教学活动融合的原则

数学区活动与教学活动的融合只有在活动环境和材料上、教学目标和内容上，建立双向互动的联系，才能使数学教学活动不再是抽象的、枯燥的，而是充满创造性的和易操作的，才能够帮助幼儿丰富数学经验，更好地发展数学思维能力。

（一）小班数学区活动与教学活动融合的原则

1. 主次配合原则

小班数学教育应以区域活动为主，以教学活动为辅。在集体教学活动中，教师可以根据班级大部分幼儿的特点开展教学。由于集体教学有着更强的目的性和计划性，更容易系统化、高效率地组织活动，因此在集体教学活动中，教师往往需要考虑全体幼儿的整体情况，不能很好地照顾到幼儿的个体差异；而在区域活动中，教师可以根据幼儿不同的发展水平投放不同层次的材料，激发幼儿主动地进行探索，

进而在游戏中巩固数学知识。克莱门茨认为，年幼儿童的数学经验，在很大程度上应当建立在他们的游戏、学习与日常活动、兴趣、问题等生活所形成的自然联系中。

因此，小班幼儿的数学学习应以区域活动为主，教师结合小班幼儿数学领域的发展目标及日常观察，有目的地创设数学区环境，丰富数学区活动内容，通过区域活动来发展幼儿的数学经验。同时，将活动中发现的共性问题依托集体教学来加以解决，两者相辅相成，进而积累丰富的学习经验，加深对数学的理解。

2. 内容统一原则

对这一原则的理解可从两个方面入手：根据数学区活动中的共性问题生成集体教学；通过集体教学的开展，将相关目标延伸至数学区活动。教师要给幼儿提供合适的场景、充足的材料，给予幼儿充分自主、持续足够的时间，通过深度观察，从中发现需要通过集体活动才能更好实现教育价值的契机，并对这一契机进行简要研讨、确认，并进行课前准备；在儿童思维仍未完全脱离问题情境的时候，组织开展集体教学活动。

因此，集体教学活动的内容首先应是基于教师对数学区活动的观察、研判而确立的，旨在解决幼儿在数学区活动中出现的某个共性问题。其次，当有些知识点无法通过一个集体教学活动全部解决时，我们就需要将该活动中的学具投放进数学区，或者渗透相关游戏内容，供幼儿继续深入地探究与巩固。

（二）中班数学区活动与教学活动融合的原则

1. 由总到分原则

中班幼儿处于学前三年教育中的一个承上启下阶段，他们在集体中行为的有意性增加了，注意力集中的时间也较以前延长，他们能在接受成人指令的同时，完成一些稍具挑战的任务。当数学区作为教学活动的延伸与拓展时，我们要把握“由总到分”原则，即将教师在集体教学中的目标进行分解，结合不同幼儿的能力水平，通过不同的游戏材料去实现发展目标。

例如，在开展中班数学教学活动“有趣的排序”之后，教师除了将活动中的学具投放进数学区外，还投放了红枣、花生、树叶、图形印章等材料，以帮助幼儿通过与不同材料的互动，感受排序的趣味性。

2. 由浅入深原则

不论区域活动与教学活动以哪一种形式进行融合，都需遵循“由浅入深”原则。比如，当集体教学活动作为解决区域活动问题的一种途径时，为了让每个幼儿均能在活动中获得发展，教师势必需要对教学活动进行层层递进的环节设计，一步一步将活动引向深入。反之，如果教师在组织某教学活动之后将相关目标融合进数学区，则更需要形成由浅入深的学习态势。实践证明，幼儿在长时间的探索过程中，其经验的获得会持续增长，而幼儿的游戏行为也将逐步由浅层操作材料过渡到深度探究知识。

（三）大班数学区活动与教学活动融合的原则

1. 注重生成原则

大班阶段的幼儿自主学习能力比较强，因此，教师在将数学区活动与教学活动相融合的过程中要注重对幼儿的观察、支持与引导，及时捕捉幼儿的兴趣与问题，并对整个班级或幼儿个体做出积极的回应，从而生成新的集体教学活动或数学区活动。

例如，当教师通过观察，发现幼儿普遍对某一个数学概念掌握得不理想时，教师可以专门围绕这个数学概念生成一次集体教学活动。总之，对于大班幼儿来说，数学区活动与数学教学活动融合的过程其实就是幼儿、教师、环境、问题等众多因素之间积极互动的过程，充满了偶然性与不确定性。但无论是哪种形式，都是以“发展幼儿的数学核心经验”为目标的，是为幼儿的良好发展服务的。

2. 联系生活原则

日常生活中我们经常会接触到数学知识，生活中处处蕴含着数学学习的契机。大班幼儿正处于数学思维发展的敏感期，生活化的数学活动能满足学前儿童直接感知、实际操作、亲身体验获取经验的需要，能有效帮助幼儿发展逻辑思维能力，并运用数学思维解决日常问题，幼儿的数学学习基于生活又用于生活。

教师在设计大班数学区活动与教学活动时要遵循联系生活原则，有效利用生活中的各种场景、合理挖掘生活资源，为幼儿在区域活动与集体教学之间打开一条通道，帮助幼儿在生活中学习，在生活中成长。

二、数学区活动与教学活动融合的注意事项

数学区活动在幼儿数学学习中的作用日益凸现，那么如何有效地发挥数学区活动的教育作用呢？我们把教师预设的教学活动与幼儿自主选择的数学区活动联系起来，不但使教师在设计和指导教学活动时更有方向，而且使数学区材料的提供以及对幼儿活动的观察与指导更有依据。

（一）小班数学区活动与教学活动融合的注意事项

1. 避免游戏类型单一且形式化

每个幼儿都是独立的个体，就算是同龄的幼儿，其思维方式、学习习惯和知识积累层面都有较大的差别。小班幼儿认知水平有限，自主选择的意识比较薄弱。教师是推动活动开展的主要力量，数学区的创设与投入也往往是由教师决定的，在数

学区活动与教学活动融合的过程中，就需要注意避免出现游戏类型单一且形式化的情况。假如教师在进行教学或开展数学区活动时采用单一的游戏活动，则会阻碍幼儿在游戏教学中的“适性”发展，无法使不同基础素养的幼儿获得更适合自己的个性化发展。

2. 避免重趣味性而轻目的性

教学过程是循环往复的过程，数学区活动是辅助教学活动有效开展的工具。数学区活动和教学活动并非为了完成工作任务而开展，最终目的是帮助幼儿获得数学经验。因此，教师在数学区活动与教学活动融合的过程中还要注意避免重趣味性而轻目的性。环境作为教师的教学辅助工具，其直接目的是顺利实现教学活动的目标，教师头脑中要有清晰的目标意识，进而促使数学领域目标的有效达成。

3. 避免弱化幼儿主体地位

小班幼儿主动选择的意识欠缺，注意力集中的时间也比较短，这个年龄段的幼儿对数学教学活动与数学区活动的参与热情并不高，活动主要是在教师的积极引导下推动的，因此，在这种情况下要避免过分强调教师的主导作用而弱化幼儿的主体地位。比如，在集体教学活动中，开展教学游戏不能徒有形式，要给予幼儿充分感受、理解、操作的时间。当幼儿在数学区游戏时，教师要悉心观察，及时了解幼儿的发展现状及需求，给予适当的支持。

（二）中班数学区活动与教学活动融合的注意事项

1. 关注幼儿记录能力的发展

在进行数学游戏操作时，往往需要幼儿做一定的记录。中班幼儿爱玩且会玩，这个年龄段幼儿的记录能力显著提高。通过对幼儿记录情况的观察也能发现幼儿对该数学经验的理解情况。如果教学活动中需要幼儿记录，教师必须将记录的要求交代清楚，以便幼儿后期在数学区游戏时也能合理规范地做好记录。因此，教师要重视对幼儿记录表征的解读，通过幼儿可视化的表达去走进他们的内心，理解他们的思想，研判他们的现有发展及需求，给予有力的支持。

2. 注重幼儿合作能力的发展

到了中班，幼儿的有意行为越来越多，集中精力从事某项活动的时间也越来越长。在活动中他们逐渐学会了交往，会与同伴合作完成某件事情。有时候，集体教学是区域游戏的“样板”，若要促进幼儿在数学区中的合作游戏，教师在设计教学活动时可在某个环节给予幼儿自主合作的机会。因此在数学区与教学活动融合的过程中教师要重视幼儿的社会交往空间，为幼儿创设合作的机会，让幼儿无论是在教学活动中还是数学区游戏中都能够积极、主动地学习，感受合作游戏的乐趣。

3. 避免游戏材料的固化

除了高开放性的低结构材料以外，教师通常会在数学区投放一些对标某种数学核心经验的自制玩具或因某一个数学教学活动而诞生的学具。值得注意的是，教师要避免游戏材料固化的现象，即材料投放之后不能一成不变，要观察幼儿对于这份材料的探究情况。如果在一段时间之后，这份游戏材料的难度对幼儿已不具有挑战性，那么教师则需要结合不同能力水平幼儿的“最近发展区”对该游戏材料做出“升级”调整，如提升难度、拓展玩法等，确保每一份游戏材料都能对幼儿的数学能力发展起到积极推动作用。

（三）大班数学区活动与教学活动融合的注意事项

1. 注重游戏内容的开放性

学前数学，是建立在幼儿对事物或现象感性体验基础上的一种主动建构式学习。开放性的游戏内容对幼儿数学经验的提升大有益处。大班幼儿学习能力较强，他们能够在数学学习过程中找到适合自己的方法并进行探究。如果教学活动或数学区活动的学习形式太过单一，一则会降低幼儿的学习热情，二则会制约幼儿的发展，不利于幼儿建构数学经验。教师要为幼儿创设社会化、情景化、生活化的学习环境，帮助幼儿通过数学游戏的经验去解决生活中的问题。

2. 避免活动内容脱离幼儿生活与兴趣

大班幼儿思维积极、活跃，愿意学习新东西，也喜欢有挑战性的学习内容，需要多一些竞技类的、挑战性的游戏，涵盖的知识也要更全面。但是，这个阶段的幼儿思维还是以具体形象思维为主，抽象逻辑思维只是初步萌芽。因此，教师要避免为了各类数学知识目标的达成而简单依赖教材，提供脱离幼儿生活和兴趣的内容。教师要结合幼儿现阶段的经验水平及时捕捉幼儿兴趣点，依托生活中的真实情境或材料来引导幼儿建构数学经验。

3. 避免重结果而轻过程的现象

在数学区活动与教学活动融合的过程中，不仅要根据幼儿能力发展水平将游戏与教学内容相结合，教师的语言指导和与幼儿的互动方式同样至关重要。数学是以操作结果来反映幼儿的掌握程度的学科，因此，教师往往更加注重幼儿的操作结果，从而出现重结果而轻过程的现象。比如，当幼儿在游戏中遇到问题时，教师不能只关注幼儿的结果是否正确而急于提出解决方案，应该耐心倾听幼儿表达，帮助他们厘清操作过程中的思路、方法，注重学习品质的培养。

三、数学区活动与教学活动融合的策略

教学活动充分融合到区域活动中，可以使抽象知识转化为具体的游戏情境，使

教学内容更加容易被幼儿理解与接受，取得更好的教学效果。通过教学活动在数学区中的体现，幼儿对于集体教学活动中的内容将会产生更强的学习兴趣，在愉悦的情绪中更加主动地进行学习和思考，达到事半功倍的效果。因此数学区活动与教学活动的有效融合需要将集体教学活动与数学区活动进行紧密的结合，在数学区活动中生成集体教学，将集体活动延伸进数学区。

（一）小班数学区活动与教学活动融合的策略

1. 以目标为导向，数学区活动与教学活动同步调

在对小班幼儿进行数学教育时，应当以该年龄段幼儿的发展目标为导向，同步开展数学区活动与集体教学活动。例如，在给物体排序的集体教学活动中，教师将不同大小的盒子与不同长度的叶子作为操作材料帮助幼儿感知排序的概念。同时，教师又在数学区中投放了不同大小的碗、勺子、松果、豆子等，又投放了不同长度的树枝、毛线、积木等，将教育内容和教育过程融入生活情景，从而获得更好的学习效果。

2. 以问题为导向，从数学区活动中生成新的集体教学活动

《纲要》提倡从生活中选择教育内容，要求注重随机教育。在丰富、开放的数学区游戏中，我们应关注幼儿在其中遇到的共性问题，借助集体教学来聚焦某一问题，在循序渐进的引导下帮助幼儿进一步理解掌握。例如，教师发现幼儿在空间方位认知方面存在问题，便生成集体教学活动“小动物捉迷藏”，结合实物引导幼儿说出“小鸡躲在大树后面”“小猫躲在屋顶上面”等语句，创设了一个小班幼儿喜欢的活动情境，帮助他们在观察、参与的过程中辨别方位。

3. 以拓展为目的，化集体教学的“1”为数学区的“N”

在短时间的集体教学活动中，要让每一个幼儿完全掌握教学目标是比较困难的。因此，教师可以有效发挥区域活动的作用，根据班内幼儿掌握教学目标的不同程度，以统一知识点为主线，通过投放不同难易程度的游戏材料，将进一步的探索活动延续到区域活动中，进而促进幼儿的经验巩固。例如，在小班数学活动“给妈妈的项链”中，教师引导幼儿用喜欢的形状的木珠给妈妈制作一条具有模式规律的项链。活动中教师在投放木珠的同时，还准备了很多任务卡。比如，按照颜色、形状等不同的模式来制作项链，将木珠按照形状进行分类，等等。通过使用任务卡，同一种材料变化成不同的游戏，在巩固原有教学目标的基础上，创生 N 种玩法，丰富了幼儿的数学经验。

（二）中班数学区活动与教学活动融合的策略

1. 发挥优势，各司其职

无论是数学区活动还是集体教学活动都有着自身的优势。教师可遵循适切性原

则选择合适的形式来帮助幼儿建构某项数学经验。例如，拼图是幼儿非常喜欢的一种活动，不仅有利于幼儿发展空间思维，还有助于幼儿理解部分和整体的关系，发展多方面的数学能力。但因其所需材料较多、所占空间较大、所耗时间较长，因此更适合在区域活动中进行，它可以帮助幼儿在充裕的时间里不断尝试，逐步积累经验，感知图形关系。

2. 分解难点，经验铺垫

在幼儿园数学教育中，集体教学活动与数学区活动两者存在极为紧密的内在逻辑联系，其中集体教学活动中所存在的难点比较复杂，因此可以在活动区域对集体活动中的难点进行有效的分解，帮助幼儿通过数学区活动来铺垫经验。这样，在开展集体教学时，幼儿便可将在数学区习得的经验迁移到集体教学活动之中，实现数学区与教学活动的有效融合。

3. 有效延伸，延续热情

有时，教师可以将集体教学活动中未完成的部分延展到区域活动中，从而保障教育教学的效果及质量。以大班数学教学活动“哪杯饮料多”为例，由于其趣味性较强，幼儿在有限的活动时间内无法充分探索，在教学活动结束后，大多数幼儿仍旧表现出极大的热情。这时，教师将量筒、量杯、橡皮筋、标签纸等投放到数学活动区，让幼儿在初步掌握方法的基础上继续探究，积累相应的经验或寻求新的比较方法。这样，将集体教学活动中未完成的部分延伸到区域活动中，给予幼儿继续探究的机会，实现了两种学习方式的有效融合，最大限度地为幼儿的学习保驾护航。

（三）大班数学区活动与教学活动融合的策略

1. 在数学区活动中体现“低结构”，弥补集体教学活动的不足

很多时候，教师会在活动区以高结构的形式将集体教学中开展过的活动通过更换材料、微调规则等形式促进幼儿巩固操作体验，发展相关数学能力。但如果高结构活动太多，练习的意味就会过于浓重，势必影响幼儿参与的积极性，无法充分发挥活动区自身的独特价值。例如，在开展集体教学活动“认识正方体、长方体，知道它们与平面图形之间的区别及每种形体的主要特征”时，教师可以在活动区开展一些需要使用长方体、正方体的立体拼图活动，也可以提供各种材料要求幼儿拼成更大的正方体、长方体，让幼儿在宽松、自由的氛围中游戏，自然地丰富对各类图形特征的认识。

2. 在数学区活动中体现“多线程”，实现对集体教学活动的有效补充

集体教学活动通常在时间轴上“单线程”展开，即每次活动或连续的几次活动往往聚焦于某个特定内容，无法面面俱到，从而不可避免地表现出内容上的跳跃或

间断。如幼儿在一段时间学习的是“数与量”，而在接下来的一段时间就转向学习“图形与空间”了。但事实上，不同数学知识点之间是相互联系的，幼儿的数学经验也是多领域并行发展、相互促进的，区域活动的内容选取不必也无须机械对应集体教学活动。

3. 在数学区活动中难度突出“多层次”，满足不同发展水平需求

对于幼儿来说，数学学习是有一定难度的，需要一个缓慢、渐进的学习过程。同时，幼儿个体差异较大，对于同一数学内容，不同幼儿的学习进度可能存在明显差异。因此，教师需在数学区中根据本班幼儿的能力发展特点，组织难易程度不同的多层次活动。例如，第一层次为以前进行过的、同一序列中较为简单的、幼儿相应能力发展已较为成熟的活动；第二层次为当前集体教学活动正在开展的、幼儿已经或逐步掌握的、需要练习巩固的活动；第三层次为比当前集体教学活动更具挑战性的、幼儿可尝试探索的活动。难度各异、逐步提高的各项活动，能更好地满足不同发展水平幼儿的需求。

四、数学区活动与教学活动融合的案例

1. 我家的点心店（大班）

◉ 案例描述

在大班数学集体教学活动“我家的点心店”中，教师借助青团、烧卖和盘龙心等传统的特色点心模型设置了点心店的游戏情景，让幼儿在游戏中发现九宫格“数独”游戏规则，并能根据游戏规则匹配点心九宫格。大部分幼儿在数学活动中已经能够完成点心九宫格的匹配。对于一些能力较强的幼儿来说，他们可以用很快的速度准确地完成，而对于能力较弱的幼儿来说，他们需要花费更多的时间试错并在教师的指导下一步一步地尝试。集体活动结束后，教师针对不同能力水平的幼儿在数学区投放了不同难度的数字九宫格。

这一天，宸宸来到了数学区。在之前的集体活动中，宸宸能准确完成难度为5的九宫格，这一次他选择了难度为6的九宫格进行挑战，只见他自己照着题面从数字1开始摆放了起来。很快，他便按照题卡上数字的位置摆好了题目，然后仔细观察，从第三列少的数字1开始尝试摆放，不一会儿他便完成了九宫格，笑着开始了下一级难度的尝试。

由于之前幼儿在集体活动“我家的点心店”中已经有过九宫格数独游戏的经验，而宸宸在班级里也属于能力较强的幼儿，在上一次的集体活动中，已经能完成难度为5的九宫格，因此在今天的游戏中，他选择了难度为6的九宫格，依据对应

宸宸在玩数字九宫格

的位置摆好数字，然后开始答题。显然，通过对上一次集体活动的经验进行整合提高后，宸宸能够观察到行和列缺少数字的多少，并知道从缺少数字较少的第三列开始能提高游戏的速度，然后依次完成其他行列，最后寻找到所有数字的位置并摆放准确，检查无误后，他笑着开始进行下一级难度的尝试。针对这类能力较强的幼儿，教师可以在原有的基础上进一步增加游戏难度，比如，可引导幼儿尝试自己创编题目或尝试十六宫格数独游戏，提升游戏的挑战性和趣味性。

◉ **案例分析**

作为集体教学活动的延伸与补充，数学区能满足不同水平幼儿在不同能力阶段的活动需要。案例中教师充分运用“最近发展区”理论，设计了不同难度的数字九宫格，既能支持在不同能力阶段的幼儿的活动，又能在活动中不断促进个体数学能力的发展。

（苏州市吴江区坛丘幼儿园　李鸣喆）

2. 小动物住高楼（大班）

◉ **案例描述**

大班数学集体教学活动“小动物住高楼”，是以 PPT 的形式呈现高楼以及小动物搬家的场景，引导幼儿从不同方向出发，学习“数序与位置”的知识，帮助小动物找到对应的楼层和房号。集体教学活动中以大多数幼儿的能力为基础，设置的难度不高，出示房号后请幼儿正数、倒数将小动物送回家，整个活动中幼儿的参与度和兴趣度都较高。于是，教师在数学区设置了“小动物住高楼”的数学活动，设置了两个难度层次：第一个层次是观察小动物背后的“随机门牌号”，帮助小动物找到自己的家；第二个层次是遮盖小动物背后的“门牌号”，根据任务卡上“上下左右”的方位提示来进行游戏，这对孩子们的专注力以及思维更具有挑战性。

游戏投放一个星期后，凡凡、馨馨两名幼儿对这个游戏已玩得游刃有余，并提出自己书写门牌号的想法。于是，教师又提供了空白高楼图案，凡凡专注地从“左下”书写到“右上”，时而倒序，时而正序，但都遵循着数序，大约 6 分钟后，凡凡完成了整张数字门牌号，一旁的馨馨说道：“我也想试试！”

◉ 案例分析

数学集体教学活动有着教师直接指导、教学效益高的优势；与之相对应地，集体教学活动也存在教师较难顾及幼儿个体差异等不足。在集体教学活动中，教师通常以本班幼儿的平均水平为基础设计教学活动。通过以上案例可以看出，集体教学活动与区域活动相结合，将有助于教师进行个别化的指导。当幼儿在数学集体教学活动中获得基础的数学经验，即按数序寻找门牌号后，教师再通过观察幼儿的游戏情况，增加了数字门牌号、方位门牌号、书写门牌号等更具有层次性的三个玩法，从而助力不同能力的幼儿达到“最近发展区”，让更多的孩子在数学游戏中获得满足感。

幼儿在玩“小动物住高楼”游戏

（苏州市吴江区坛丘幼儿园　仲予芳）

3. 认识时间（大班）

◉ 案例描述

在教学活动“认识时钟”中，幼儿了解了时钟的主要结构，知道分针和时针及它们之间运转的关系，但是对于正确的分辨时间还有一定的困难，于是教师在数学区投放了材料整点和半点配对卡片若干，以及一个可以自由拨动分针的时钟。

进入区域后欣欣首先选择玩时钟游戏，时钟会有语音提示，请幼儿根据问题拨动分针，回答正确时会有鼓励的音乐，回答错误时会有语音鼓励幼儿再次尝试。第一个问题是九点，只见欣欣转动分针，当时针指向 9、分针指向 12 时按下游戏键，听到正确的音乐响起，欣欣很开心。第二个问题是一点半，欣欣将时针指向12和1之间，分针指向6，语音提示再试一次，欣欣再次拨动指针，当时针指向1和2之间、分针指向6时按下游戏键，回答正确。第三个问题是五点，欣欣能够又快又准确地完成。游戏结束后，她又玩起了配对卡片，配对结束后说："老师，我完成配对啦。"教师："欣欣，你看这些你都完成得很棒，但是这几个还有点问题，当分针指向数字6时，时针指向两个数字中间就表示几点半，两个数字中哪个数字小就是几点半。你再试一试吧！"

◉ **案例分析**

幼儿最初的认知很关键，对于概念性的知识，教师应该用准确的数学语言教授给幼儿。在游戏中教师发现欣欣对半点的掌握还不够熟练，及时地给予指导，进一步巩固了欣欣关于半点的知识。幼儿的日常生活都与时间有密切的联系，教师还可以通过让幼儿制订一日作息表来进一步巩固整点和半点的知识。

（苏州市吴江区金家坝幼儿园　吴玲思）

参考文献

[1] 安妮塔·鲁伊·奥尔兹. 儿童保育中心设计指南[M]. 刘晓光,匡恒,等译. 北京:机械工业出版社,2008.

[2] 埃米·诺埃尔·帕克斯. 当数学成为儿童的游戏:在玩中学数学[M]. 刘小娟,译. 北京:中国轻工业出版社,2022.

[3] 杜威. 艺术即经验[M]. 高建平,译. 北京:商务印书馆,2020.

[4] 杜威. 经验与自然[M]. 傅统先,译. 南京:江苏教育出版社,2005.

[5] 朱莉·布拉德. 0—8 岁儿童学习环境创设[M]. 陈妃燕,彭楚芸,译. 南京:南京师范大学出版社,2014.

[6] 陈琦,刘儒德. 当代教育心理学[M]. 北京:北京师范大学出版社,2007.

[7] 丁海东. 学前游戏论[M]. 济南:山东人民出版社,2001.

[8] 陈杰琦. 学前儿童数学学习与发展核心经验[M]. 南京:南京师范大学出版社,2015.

[9] 刘焱. 儿童游戏通论[M]. 福州:福建人民出版社,2015.

[10] 潘月娟. 幼儿数学教育与活动指导[M]. 北京:高等教育出版社,2013.

[11] 钱继芳. 蒙台梭利幼儿数学教育[M]. 上海:第二军医大学出版社,2004.

[12] 史月杰. 幼儿园数学教育与活动指导[M]. 北京:北京师范大学出版社,2017.

[13] 赵岭. 幼儿园数学活动指导手册[M]. 南京:南京师范大学出版社,2013.

[14] 王微丽. 幼儿园区域活动:环境创设与活动设计方法[M]. 2 版.北京:中国轻工业出版社,2022.

[15] 王微丽,霍力岩. 幼儿园数学区材料设计与评价[M]. 北京:中国轻工业出版社,2018.

[16] 张博. 现代幼儿教育观念研究[M]. 长春:东北师范大学出版社,2003.

[17] 张俊. 幼儿园数学领域教育精要:关键经验与活动指导[M]. 北京:教育科学出版社,2015.

[18] 周欣,黄瑾,杨宗华. 幼儿园综合课程中的数学教育[M]. 南京:南京师范大学出版社,2012.

[19] 胡秀冰. 数学区角活动的设计与指导[J]. 幼儿教育研究,2020(4):33-35.
[20] 景晓梅,孙慧莹. 基于儿童经验的学前教育课程建构的理论研究[J]. 教育教学论坛,2024(5):61-64.
[21] 金雅敏,杨卫红. 幼儿区域化游戏活动中教师的角色定位[J]. 上海教育科研,2006(6):54.
[22] 郝萍瑞,徐莉. 论区域活动中教师的角色定位[J]. 基础教育参考,2008(9):73-75.
[23] 李春芳. 幼儿园区域活动中教师的角色定位与指导策略[J]. 兰州教育学院学报,2017,33(5):167-169.
[24] 李艳艳,刘云艳. 基于学习进阶的幼儿教师数学核心经验模型建构[J]. 教育科学,2021,37(1):90-96.
[25] 刘宇. 浅谈幼儿数学区域活动操作材料的选择与投放 [J]. 文理导航·教育研究与实践,2015(5):156.
[26] 秦旭芳,孙晶晶. 教师支持幼儿深度学习的路径与特征研究:以沈阳市S幼儿园主题活动为例[J]. 教育与教学研究,2022,34(7):41-52.
[27] 史楠,陈权. 深度学习视阈下区域游戏的内涵、特征与策略[J]. 潍坊工程职业学院学报,2019,32(5):43-47.
[28] 陶金玲. 儿童经验生成研究[J]. 南通大学学报(社会科学版),2015,31(6):145-150.
[29] 虞永平. 幸福·经验·幼儿园课程[J]. 幼儿教育,2010(34):12-13.
[30] 杨建群. 幼儿园数学区角的创设和指导[J]. 课程教育研究,2017(47):152.
[31] 杨婷,杨晓萍. 论区域活动中幼儿的深度学习:基于情境认知理论[J]. 重庆第二师范学院学报,2019,32(5):78-82.
[32] 吴克勤. 数学活动材料选择应该生活化[J]. 学前教育研究,2001(2):59.
[33] 张俊. 数学区角活动的教学属性及其现实指导意义[J]. 幼儿教育·教育教学,2014(Z1):56-57.
[34] 张晗. 幼儿园课程质量的保证:基于经验本质的幼儿园课程审议[J]. 基础教育课程,2020(20):76-80.
[35] 张莉琴,姚慧颖. STEAM 教育理念下幼儿园区域联动的实施策略研究[J]. 文山学院学报,2022,35(3):110-114.
[36] 张卫星. 数学学习材料的主要类型及内涵[J]. 教学与管理,2010(32):32-34.
[37] 朱梦忍. 基于关键经验的幼儿园数学绘本的选择与推荐[J]. 东方娃娃·绘